AF599380

Alessandro Scassellati

El contramovimiento

¿Estamos saliendo de la crisis del neoliberalismo por la derecha o por la izquierda?

Alessandro Scassellati

El contramovimiento

¿Estamos saliendo de la crisis del neoliberalismo por la derecha o por la izquierda?

Traducción de
Carlos X. Blanco

El Viejo Topo

Edición propiedad de Ediciones de intervención Cultural/
El Viejo Topo
c/ Marquès de l Argentera, 17 pral. 2ª
08003 Barcelona
Diseño: E. N. Cabot

ISBN: 979-13-87991-28-9
Depósito legal: B 25420-2025

Impreso en España

El neoliberalismo, como forma de regular el capitalismo globalizado, ha estado en crisis durante años (al menos desde la crisis financiera de 2007-2009). Lo que aún no está claro es si esta crisis se resolverá desde la derecha o desde la izquierda; es decir, si el contramovimiento para reajustar el capitalismo globalizado y construir una nueva estructura social de acumulación será liderado por fuerzas políticas y culturales de derecha o de izquierda.

Karl Polanyi y la teoría del doble movimiento

Uno de los observadores más agudos de la crisis económico-política entre las dos guerras fue Karl Polanyi (1886-1964) quien, con *La gran transformación* (una obra escrita a finales de la década de 1930 y luego publicada en 1944) elaboró la teoría del «*doble movimiento*», que se refiere al proceso dialéctico de mercantilización y el impulso a la protección social, y que nos permite enmarcar críticamente la condición actual de crisis de la globalización neoliberal y su contestación política tanto «*desde arriba*», a través de políticas regulatorias de los Estados-nación, los bancos centrales (sistema monetario) y las organizaciones internacionales y a través de la formación de oligopolios y monopolios por grandes combinaciones de capital, como «*desde abajo*», mediante la movilización de la sociedad civil en formas colectivas a través de sindicatos, partidos, movimientos sociales y asociaciones.[1]

La obra de Polanyi constituye una contribución única y original al pensamiento progresista y una herramienta conceptual particularmente relevante para interpretar el terremoto político que vivimos en el contexto de la crisis del modo regulatorio y de la estructura social de la acumulación neoliberal, porque proporciona un sólido marco interpretativo para comprender las fuentes de la política nacional-populista dentro de un contexto económico-político.

Respuestas políticas a las grandes crisis cíclicas del capitalismo

En el período entre las dos guerras mundiales, las ideologías políticas extremistas y los nacionalismos económicos se habían afianzado tras la era de libre comercio y apertura financiera que había caracterizado la larga ola de acumulación expansiva precedente (1893-1914/1920), apoyadas por el equilibrio de poder entre los Estados-nación europeos, el *patrón oro* y el libre comercio como componentes estratégicos del marco regulatorio. En el verano de 1931, Gran Bretaña, la potencia que había impuesto este marco regulatorio al mundo y había sido la columna vertebral del desarrollo económico capitalista durante más de un siglo, abandonó el patrón oro y el libre comercio (seguida por Canadá, los países escandinavos y los Estados Unidos en abril de 1933), provocando el colapso de la economía global.

La creación del patrón oro fue un intento de extender la lógica del mercado, supuestamente autorregulado (pero en realidad impuesto), a las relaciones económicas entre países. Constituyó un intento temprano de globalización por marginar el papel de los Estados-nación —y sus ciudadanos— en la gestión de los asuntos económicos. El patrón oro subordinó de facto las políticas económicas nacionales a las inflexibles reglas de la economía global. Sin embargo, también protegió el ámbito económico de las crecientes presiones democráticas que se gestaban con la expansión del sufragio en Occidente, a la vez que ofrecía una herramienta sumamente eficaz para controlar el trabajo. No obstante, el patrón oro impuso costes tan elevados a las sociedades, en forma de políticas deflacionarias destructivas, que las tensiones generadas por el sistema acabaron por estallar con el colapso del orden internacional en 1914 y luego nuevamente tras la Gran Depresión (1920-1940).

Mientras Polanyi escribía su obra, la prevalencia de la orientación política nacionalista había conducido al totalitarismo fascista y nazi, al comunismo estalinista, al estatismo orgánico, a la tragedia humana de la Segunda Guerra Mundial, a los crímenes del Tercer Reich y al colapso casi definitivo de la civilización europea. En Europa, los únicos países donde las instituciones políticas democráticas funcionaron de forma continua entre 1920 y 1945 fueron Gran Bretaña, Finlandia, el Estado Libre de Irlanda, Suecia y Suiza.

A pesar de las importantes diferencias entre las décadas de 1930 y 1940 y el orden global contemporáneo, leer el análisis de Polanyi hoy evoca una desagradable sensación de *déjà vu*. La mayoría de los progresistas liberales de la época interpretaron los dramáticos acontecimientos políticos como una reacción irracional, trágica y escandalosa de las masas a los valores humanistas liberales de tolerancia, apertura y pluralismo político y cultural.

Polanyi, en cambio, buscó explicar este modo nacionalista y autoritario de regulación política haciendo referencia a las patologías del propio pensamiento económico liberal, y en particular a la tendencia de la teoría liberal a separar los procesos económicos del contexto cultural, social y político más amplio en el que se integran y encapsulan (*"embedded"* "*incrustados*", uno de sus términos clave). Para Polanyi, el fascismo, el nazismo y el nacionalismo no debían entenderse como cataclismos "*políticos*" externos que frustraban la promesa de progreso ofrecida por un orden de mercado liberal, sino como un producto intrínseco de las características internas de la propia sociedad liberal, con especial referencia al tratamiento del trabajo como mercancía (la idea de que el trabajo debe "*encontrar su precio en el mercado*").

Mientras Marx esperaba que la crisis del capitalismo culminara en una revuelta obrera universal y el comunismo, Polanyi, basándose en casi un siglo de historia adicional, argumentó que el fascismo era el resultado más probable. Polanyi interpretó la catástrofe de la Primera Guerra Mundial, el período de entreguerras, la Gran Depresión, el fascismo y la Segunda Guerra Mundial como la culminación lógica de las fuerzas del mercado que habían abrumado a la sociedad: «*el intento utópico del liberalismo económico de establecer un sistema de mercado autorregulado*», que comenzó en la Inglaterra del siglo XIX y se desarrolló a partir de la obra de los economistas políticos clásicos Thomas Robert Malthus y David Ricardo en el contexto de la primera revolución industrial.

Para Polanyi, esto representaba nada menos que una ruptura ontológica (un intento de alterar el orden natural de las sociedades) con gran parte de la historia de la humanidad. Antes del siglo XIX, insistía, la economía humana siempre había estado «integrada» en la sociedad: estaba subordinada a la política local, las costumbres, la religión y las relaciones sociales. La tierra y el trabajo, en particular, no se trataban como mercancías, sino como partes de un todo complejo: de la vida misma.

Polanyi argumentó que el Estado-nación y la nueva economía de mercado no eran entidades separadas, sino producto de la invención humana; es decir, una construcción histórica, política y social, que definió como «*sociedad de mercado*». Por otro lado, el proceso de formación de los Estados-nación como organizaciones político-burocráticas territoriales, que, según la definición canónica de Max Weber, representan «*una forma de comunidad humana que reivindica con éxito el monopolio de la violencia física legítima en un territorio determinado*», ha perdurado durante siglos y se ha entrelazado no solo con las ambiciones políticas de sus monarcas, sino también con la génesis del propio capitalismo. Los Estados-nación aún desempeñan un papel importante en su mantenimiento.

Un sistema de Estados-nación soberanos que reclamaban autoridad absoluta sobre los recursos y las personas en un territorio, basado en fronteras trazadas en un mapa, se consolidó por primera vez en Europa con el Tratado de Westfalia, que puso fin a la Guerra de los Treinta Años en 1648 (mientras que en el Sudeste Asiático, muchos Estados precedieron a los europeos, como China, Japón, Corea, Vietnam, Laos, Tailandia y Camboya).

En territorios donde el Estado y la nación no eran compatibles, como Alemania, Italia y la mayor parte de Europa del Este, la nación se definió en términos de etnicidad, lo que condujo a procesos violentos de unificación, expulsión («*limpieza étnica*»), asimilación o secesión. A principios del siglo XX, el nacionalismo étnico destruyó las fronteras políticas existentes, lo que condujo a la desintegración de los imperios multiétnicos de los Habsburgo, el Otomano y el Ruso. Este cambio en el tamaño de las unidades políticas europeas, como sabemos, debilitó el equilibrio de poder y contribuyó al estallido de dos guerras mundiales, haciendo inextricable la conexión entre nacionalismo, militarismo y capitalismo.

La anomalía de la sociedad capitalista: la mercantilización

Desde una perspectiva histórico-antropológica, según Polanyi, la sociedad capitalista representa una anomalía absoluta en comparación con todas las formas sociales anteriores, donde éstas estaban reguladas por el poder político, las costumbres familiares y comunitarias y las normas de la tradición cultural y religiosa, que atribuían un papel subordinado a los fenómenos económicos.

Sin embargo, la modernidad capitalista ha revertido por completo esta relación: la economía ha ocupado un lugar central, subordinando todo el espectro de la vida social a sus propias necesidades e imponiendo el estatus de mercancías libremente intercambiables en el mercado, como cualquier otra: trabajo, tierra y dinero. El efecto de esta transformación, argumenta Polanyi, con argumentos no muy distintos a los de Marx, ha sido literalmente *«disolver»* los vínculos tradicionales, culturales, simbólicos y comunitarios sobre los que se fundó el mundo precapitalista, dando lugar a un mundo de individuos atomizados que mantienen relaciones horizontales mediadas por el mercado.

Polanyi buscó demostrar esta tesis mediante un enfoque etnográfico denominado «*sustantivismo*», en oposición a la economía formal neoclásica, considerada un modelo abstracto que había perdido de vista lo orgánico y lo humano. Recurrió a un análisis histórico-antropológico detallado que situó el colapso del orden internacional liberal de entreguerras en un contexto mucho más amplio y *a largo plazo*, que incluía el surgimiento de la «*sociedad de mercado*» en los siglos XVIII y XIX. Por ejemplo, además del análisis histórico de la formación y transformación del capitalismo inglés, se basó en los análisis de Bronislaw Malinowski sobre el «*sistema kula*» practicado por los pueblos indígenas de las Islas Tobriand (Nueva Guinea), y de Richard Thurnwald, Marcel Mauss y otros antropólogos estadounidenses sobre el «*sistema potlatch*» practicado por los pueblos indígenas del North-West Pacific de Canadá y Estados Unidos.

Es desde esta perspectiva que Polanyi también interpretó el proceso de integración forzada de los pueblos colonizados al sistema laboral capitalista, que causó la dislocación generalizada, desposesión, empobrecimiento, hambruna y millones de muertes. «*Irónicamente, la contribución inicial del hombre blanco al mundo del hombre negro consistió principalmente en introducirlo a los usos del flagelo del hambre*», señaló Polanyi. «*Por lo tanto, los colonos pueden decidir talar árboles del pan para crear una escasez artificial de alimentos, o imponer un impuesto a las chozas de los nativos para obligarlos a intercambiar su trabajo. En cualquier caso, el efecto es similar al de los cercados Tudor con su rastro de hordas errantes*». Antes de la revolución industrial capitalista en Europa y el resto del mundo, argumentó Polanyi, la sociedad estaba mediada por la producción doméstica-familiar, la reciprocidad y la redistribución. La mayoría de las personas cultivaban sus propios alimentos y producían los bienes que necesitaban; no había mercados universales. Las ferias semanales eran eventos ocasionales donde se intercambiaban o vendían productos, mientras que la producción se destinaba al consumo doméstico o local. Las personas se apoyaban mutuamente sin cálculos exactos; los bienes a menudo se compartían (reciprocidad). La pobreza, el desempleo y el hambre entre los habitantes de una aldea, a pesar de que otros se enriquecían enormemente, eran prácticamente desconocidos o, al menos, se mantenían bajo control mediante mecanismos de redistribución.

En lugar de explicar la política populista de la década de 1930 a través del nacionalismo cultural reaccionario o como la consecuencia política de corto plazo de la Primera Guerra Mundial, Polanyi la enmarcó en el contexto de lo que él veía como un esfuerzo de ingeniería social y voluntad política en el capitalismo industrial: el intento "*utópico*" sin precedentes de construir un sistema de mercado autorregulado (la ideología del *laissez faire*), como un mecanismo institucional independiente que debía funcionar virtuosamente sin intervención política ni control social.

Para lograr este objetivo, era necesario tratar el trabajo —así como la tierra y el dinero, al igual que los productos y servicios industriales— como cualquier otra mercancía, cuyo precio se determina por la *libre* interacción de la oferta y la demanda. También era necesario asumir que todos los seres humanos son egoístas, racionales, esencialmente individualistas, y que prefieren tener más dinero, que se comportan de forma que maximice su utilidad personal (la «*racionalidad económica*»), o en otras palabras, que el «*beneficio*» es el principio central de la organización social. Desde esta perspectiva, cabe destacar que, en las últimas décadas, el trabajo de los economistas conductuales —Daniel Kahneman, Richard Thaler y Robert Shiller (Premio Nobel de Economía en 2013)— ha cuestionado estos postulados del liberalismo económico, comenzando a demostrar que los seres humanos no son predeciblemente racionales; de hecho, son predeciblemente irracionales.

Según Polanyi, el trabajo —como la tierra y el dinero— no es una verdadera mercancía creada para la venta: es, más bien, una pseudomercancía o una mercancía *ficticia* que desempeña un papel social decisivo en la vida cotidiana de la humanidad. Dado que el trabajo es *solo otro nombre para una actividad humana que acompaña a la vida misma*, no puede separarse de la existencia social y comunitaria más amplia del individuo que lo vende.

En realidad —y esta es la tesis principal de Polanyi— las motivaciones económicas nunca han sido el único incentivo para que el hombre trabaje. El honor, el orgullo, el sentido cívico, el altruismo, el deber moral, la generosidad, el respeto propio y la decencia común se consideraban, en el pasado, elementos definitorios del trabajo; el hambre y el lucro tampoco han sido siempre incentivos económicos.

Además, el hambre nunca se ha traducido automáticamente en un incentivo para producir, ya que «*la producción no es un asunto individual, sino colectivo*». El «*arraigo*» significa que la economía nunca es autónoma, sino subordinada a la política y las relaciones sociales. El Homo *oeconomicus* es, por lo tanto, una abstracción (de la teoría económica neoclásica), y su transformación en un hombre «*real*» es fruto del reduccionismo económico, cuya validez científica está garantizada por el determinismo y, antes aún, por una especie de individualización que convierte las relaciones sociales en relaciones naturales.

Someter a los seres humanos y a las comunidades a las «*leyes*», tendencias y caprichos del mercado era necesario para crear un mercado laboral que funcionara libremente, libre de cualquier interferencia política. Así, la transformación del trabajo en una mercancía, incluso acompañada de una mejora *del nivel* de vida y la riqueza monetaria, conduce a la deshumanización de la sociedad, la catástrofe social, la inseguridad y la atomización.

En un sistema así, la sociedad debe gestionarse como un apéndice accesorio subordinado a los mercados económicos: en lugar de integrar la economía en las relaciones sociales —como ocurre mediante otras formas de integración como la reciprocidad, la redistribución y la producción para el autoconsumo doméstico que caracterizan el voluntariado, la cooperación o las economías precapitalistas, informales y campesinas—, las relaciones sociales se integran en el sistema económico, reduciéndolas a la simple ley de la propiedad privada. Por lo tanto, la mercantilización desenfrenada del trabajo, la tierra y el dinero amenaza con destruir a las mismas comunidades que intentaron lograrla en su búsqueda del crecimiento económico y la competitividad.

La utopía capitalista y el contramovimiento

Según Polanyi, un sistema social apoyado en mercados laborales "*libres*" no sólo era inmoral o poco ético, sino utópico e imposible de realizar plenamente, ya que destruiría la cohesión y el tejido mismo de las sociedades y comunidades (locales, nacionales e internacionales).

La objeción de Polanyi era primariamente moral e inextricablemente ligada a sus creencias cristianas: es simplemente erróneo tratar los elementos orgánicos de la vida —los seres humanos, la tierra, la naturaleza— como mercancías, bienes producidos para la venta. Tal concepto viola el orden «sagrado» que ha regido las sociedades durante gran parte de la historia de la humanidad. «Incluir [el trabajo y la tierra] en el mecanismo del mercado significa subordinar la esencia misma de la sociedad a las leyes del mercado», argumentaba Polanyi. Y en este sentido, era lo que podríamos llamar un «socialista conservador»: se oponía al liberalismo de mercado no solo por razones distributivas, sino también porque «atacaba el tejido social», rompiendo los lazos sociales y comunitarios y generando individuos atomizados y alienados. Como escribe al comienzo del libro: «Nuestra tesis es que la idea de un mercado autorregulado implica una utopía cruda. Una institución así no podría existir por mucho tiempo sin aniquilar la sustancia humana y natural de la sociedad; destruiría físicamente al hombre y transformaría su entorno en un desierto».

La mercantilización provocó una reacción espontánea y predecible de la sociedad, una acción defensiva destinada a limitar su funcionamiento y contener sus efectos desestabilizadores y destructivos. Esta cadena de acción y reacción, que Polanyi denominó un «*doble movimiento*», condujo al surgimiento de contramovimientos sociales «*colectivistas*» (nacionalistas y/o socialistas) y a la creación de instituciones políticas (no siempre de naturaleza «*progresista*») para proteger a la sociedad de los efectos sociales y psicológicos dañinos y destructivos del libre mercado de trabajo, tierra y dinero.

Sin embargo, la visión de Polanyi no era la marxista, que habla de la lucha de clases (aunque tenía una orientación socialdemócrata de izquierda), porque desde su punto de vista la contradicción central de una sociedad de mercado reside en el hecho de que un sistema de mercados autorregulados no puede en absoluto ser la base del orden social: para producir y mantener el orden económico y social es necesaria la intervención continua ("consciente *y a menudo violenta*"), centralmente organizada y planificada del Estado en una multiplicidad de frentes. «El laissez-faire no tenía nada de natural; los mercados libres jamás podrían haber surgido simplemente dejando que las cosas siguieran su curso», escribió. «El laissez-faire fue planeado... [fue] impuesto por el Estado».

Por otra parte, ésta fue también la tesis de los ordoliberales austro-alemanes, expresada por Ludwig von Mises desde 1919, quien afirmaba que nadie es "*espontáneamente liberal*" a menos que sea "*obligado a serlo*", y reiterada durante el Coloquio Walter Lippmann de agosto de 1938 en París en el que participaron, entre otros, Von Hayek, Röpke, Von Rüstow y un grupo de economistas estadounidenses. En particular, los economistas e intelectuales de la Escuela de Friburgo, que desarrollaron la variante ordoliberal del neoliberalismo que, desde el período de posguerra, ha sido la base del «modelo alemán» de la economía social de mercado (*Soziale Marktwirtschaft*), establecido bajo el liderazgo gubernamental de Ludwig Erhard, y luego de la Unión Europea (una institución supranacional tecnocrática, jerárquica y *top-down* que se superpone con los Estados-nación democráticos, carece por completo de verdadera legitimidad democrática —ni siquiera la clásica división entre poderes legislativo, ejecutivo y judicial enunciada por Montesquieu, que es la característica fundamental de las democracias liberales— y opera con procesos de toma de decisiones en gran medida opacos debido a la dinámica intergubernamental), eran plenamente conscientes de ello [Zanini A. (2022), *Ordoliberalismo. Costituzione e critica dei concetti (1933-1973)*, Bologna:

Il Mulino 2022]. Parafraseando a Michel Foucault (en el Curso en el Collège de France de 1978-1979) «[la competencia] no puede ser otra cosa que un objetivo, lo que a su vez presupone, por lo tanto, una política indefinidamente activa».

Como escribió Quinn Slobodian [*Globalists. The end of empire and the birth of neoliberalism*, Harvard University Press, Cam- bridge, Mass. 2019], el objetivo en Mises y Hayek no era «liberar los mercados, sino protegerlos, inmunizar al capitalismo contra la amenaza de la democracia», utilizando el Estado para separar artificialmente lo «económico» de lo «político». En este sentido, el neoliberalismo de mercado puede considerarse un proyecto tanto político como económico: una respuesta a la entrada de las masas en la arena política a partir de finales del siglo XIX, como resultado de la extensión del sufragio universal, un desarrollo al que la mayoría de los liberales militantes de la época se opusieron vehementemente.

Polanyi demostró cómo una reacción estatal protectora —mediante la implementación de una *legislación restrictiva* acorde con las necesidades sociales y no con las demandas del mercado— ha sido casi universal en la sociedad europea desde finales del siglo XIX. Esta fue implementada por diferentes gobiernos y facciones políticas, que representaban posturas ideológicas muy diversas, tanto de derecha como de izquierda. Fue una reacción *funcionalista* generalizada de la sociedad en su conjunto, destinada a mitigar las consecuencias de la mercantilización.

Es a través de esta reacción contra la mercantilización que Polanyi explicó el auge de las ideologías populistas entre las dos guerras mundiales. El contramovimiento, el «*doble movimiento*», cuyo objetivo era reintroducir el control social en la economía, no era populista en sí mismo. Más bien fueron las respuestas proteccionistas que surgieron para proteger a las sociedades nacionales de los efectos de la mercantilización —barreras arancelarias, legislación social restrictiva, controles de precios, de la base monetaria, de la oferta crediticia y de los tipos de cambio, la formación de *trusts*, cárteles y monopolios, la concesión de subsidios a la inversión, la aprobación de leyes para combatir la inmigración, la aplicación de políticas coloniales e imperialistas, etc., dirigidas principalmente a proteger a segmentos cada vez más amplios de las clases capitalistas y trabajadoras nacionales de la competencia intercapitalista internacional— las que terminaron limitando el correcto funcionamiento de los sistemas de mercado nacionales e internacionales y, por lo tanto, amenazando a la sociedad de otra manera.

La relación entre liberalismo económico y democracia, la separación dentro de ella entre las esferas económica y política, y la dificultad de gobernar esta separación, han generado un «*sistema artificial*» —señala Polanyi— en el que el conjunto de ventajas (sociales) y desventajas (económicas) producidas por posibles, pero desorganizadas intervenciones protectoras (de carácter institucional, corporativo, asociativo, religioso) podrían haber sido superadas por intervenciones sistemáticas —como el *New Deal*, el keynesianismo, el compromiso socialdemócrata o formas de planificación democrática— capaces de combinar ventajas económicas y protección social.

Pero la mera mención de esta posibilidad desató el pánico en los mercados financieros, hipersensibles al posible desafío a los derechos de propiedad y al peligro de un avance socialista. Por lo tanto, las tensiones entre los dos modos de integración social —el mercado y la política democrática— se han vuelto cada vez más difíciles de resolver, causando *distorsiones destructivas* y crecientes problemas para el orden nacional e internacional.

Oleadas de huelgas —tanto de trabajadores, que retiraron su trabajo de la mercantilización, como del capital, que evitó nuevas inversiones productivas— provocaron desempleo, contracción económica y la Gran Depresión. Este fenómeno reforzó el atractivo de los movimientos políticos de corte fascista, apoyados por *líderes* carismáticos y visiones autárquicas y aislacionistas. Prometieron romper este *impasse* mediante la centralización del poder ejecutivo y afirmaron trascender las complejas mediaciones y los confusos compromisos de la política democrática para encarnar directamente la voluntad de la nación.

Es este análisis histórico el que sustenta la crítica de Polanyi al pensamiento económico liberal. La teoría liberal trataba la economía como un proceso distinto, separado (*disembedded*, «*desenganchado*») de las instituciones «*políticas*», la dinámica de las relaciones sociales o los desarrollos «*culturales*». No comprendía ni explicaba las interacciones entre los desarrollos en el campo *«económico»* y las consecuencias políticas, sociales, culturales o psicológicas de estos desarrollos. Por lo tanto, si la producción de riqueza y los niveles de vida estaban aumentando, desde la perspectiva de las clases liberales *dominantes*, la única manera de explicar la reacción contra los mercados laborales liberalizados era a través de la influencia maligna de los *«intereses creados»* que luchaban por levantar barreras proteccionistas, o a través de la simple condena de los valores nacionalistas reaccionarios o el irracionalismo de las masas. No se consideró la idea de que estas corrientes políticas y culturales iliberales pu- dieran tener sus raíces en las políticas recomendadas e implementadas por los propios economistas liberales.

Al reconstruir las relaciones históricas entre la construcción política de los mercados de trabajo "*libres*" y las reacciones políticas que surgieron para proteger a la sociedad de los efectos de esos mercados, Polanyi demostró una incompatibilidad fundamental entre la defensa de los "*valores liberales*" humanistas celebrados por la sociedad europea y la doctrina económica liberal.

Ayer y hoy

Por supuesto, sería incorrecto simplemente transponer la concepción unificada y orgánica de la "*sociedad*" de Polanyi (imbuida del "*nacionalismo metodológico*" de su tiempo), especialmente cuando se invoca esta concepción para enmascarar conflictos distributivos particulares, al mundo global de hoy, caracterizado por niveles sin precedentes de interconexión, interdependencia, cambio rápido y un grado concomitante de complejidad, tensión y posibilidad.

Polanyi escribió en un momento histórico caracterizado por la presencia de sólidas instituciones colectivas, como las iglesias, el imperio, las fuerzas armadas, los partidos de masas y los sindicatos obreros, que trascendían las barreras de clase social y los grupos de interés económico. En particular, cuando se publicó el libro de Polanyi en 1944, la Segunda Guerra Mundial había generado un sentimiento de unidad nacional en los países europeos ante una amenaza externa común.

Es interesante notar, a este respecto, que en los últimos años, tanto en el caso del *Brexit* como en el de Donald Trump y el «*trumpismo*», se ha intentado aprovechar este mismo sentimiento de unidad nacional frente a lo que se perciben como amenazas externas a la cohesión sociocultural: la inmigración descontrolada, el multiculturalismo, la competencia «*desleal*» de otras economías como China, el terrorismo islámico y etnonacionalista, etc.

El auge de este contramovimiento nacionalista y proteccionista se produjo tras una importante crisis financiera (2007-2009), en la que las pérdidas de una élite financiera privilegiada se contuvieron mediante una intervención financiera masiva de Estados y bancos centrales que infló drásticamente la deuda pública, mientras que la precariedad, la austeridad y los recortes del gasto público afectaron desproporcionadamente a los segmentos más vulnerables de la población de Gran Bretaña, Estados Unidos y otros países ricos. La población se vio expuesta a mayores riesgos sociales y se vio impulsada a exigir, sobre todo, seguridad en un mundo profundamente incierto. Por otro lado, en Europa, con el Tratado de Maastricht (1992), se había creado una versión aún más extrema del patrón oro: el euro. Las economías nacionales se vieron, una vez más, sometidas a una camisa de fuerza. Al igual que con las anteriores versiones del liberalismo de mercado, este viejo-nuevo orden empobreció a los trabajadores y devastó la capacidad industrial, los servicios públicos, la infraestructura vital y las comunidades locales de Europa. Polanyi habría argumentado que una reacción adversa era inevitable; y, de hecho, se ha producido desde finales de la década de 2010, aunque ni siquiera las revueltas populistas de la última década han logrado reemplazar el sistema por un nuevo orden.

En la era del capitalismo neoliberal global, el capital trasciende todas las fronteras y es *cosmopolita*, mientras que el trabajo, la producción real, los conflictos sociales y de clase, y la democracia permanecen anclados en el ámbito nacional. El terreno de las batallas políticas y las luchas sociales sigue siendo nacional porque es en el ámbito nacional donde se pueden utilizar las herramientas para implementar políticas de seguridad personal, educación universal, asistencia social y sanitaria, y redistribución económica.

Ha surgido una marcada asimetría. En respuesta a las demandas sindicales, el capital puede huir a países pobres para explotar su mano de obra, mientras que los trabajadores de las sociedades industrializadas más antiguas carecen de alternativas. De este modo, el conflicto se debilita, la política de clases desaparece y la administración del *statu quo* se mantiene.

Por otro lado, el paradigma neoliberal no solo atacó un marxismo reducido a una ideología de desarrollo económico, sino que también hizo que los logros de la clase trabajadora de décadas anteriores (que, gracias a poderosos movimientos de protesta, habían socavado el proceso de acumulación capitalista) parecieran atrincheramientos burocráticos y privilegios corporativos que obstaculizaban el desarrollo e impedían que la maquinaria económica produjera riqueza con mayor libertad y amplitud. Esta riqueza, según la engañosa teoría del *goteo*, podría entonces distribuirse de manera útil entre las clases trabajadoras y populares. Este, en su esencia, fue el mensaje simple y poderoso que sedujo incluso a líderes comunistas y socialistas, y que continúa seduciéndolos, aunque ya no sean comunistas ni socialistas.

La incertidumbre, el miedo y la precariedad social y económica empujan a las personas y a la sociedad civil a confiar en el Estado, y especialmente en los «*caudillos*», para su protección. A cambio de garantías de seguridad, un número creciente de ciudadanos también está dispuesto a someterse a la vigilancia obsesiva, el control de las telecomunicaciones y las restricciones a las libertades personales por parte de las autoridades estatales y el capitalismo de las plataformas digitales (el «capitalismo de vigilancia» denunciado por la socióloga Shoshana Zuboff). El Estado se percibe como un sistema para proteger a las personas y a las masas, sin que esto beneficie a la democracia.

Dadas las similitudes entre la época en que Polanyi escribió y la actualidad, su análisis de cómo el «*doble movimiento*» contra la mercantilización potencia el atractivo de los movimientos políticos radicales ofrece una perspectiva especialmente fructífera para analizar el discurso contemporáneo en torno a la actual convulsión política. En particular, nos ayuda a esclarecer la batalla retórica e interpretativa que se libra para comprender el significado y las causas del auge de dinámicas políticas populistas iliberales, nacionalistas, xenófobas y proteccionistas.

En el oeste geográfico, la globalización neoliberal de las últimas cuatro décadas ha conllevado casi universalmente una retirada del Estado de muchas áreas de intervención económica y social, así como la implementación de políticas de desregulación, privatización y mercantilización[2]. Este proceso de extensión de las relaciones estratégicas del capitalismo se ha desarrollado, aunque de forma desigual, en todo el planeta, provocando importantes transformaciones sociales, económicas, culturales y políticas.

En los países del *bloque occidental*, en particular, las políticas que desmantelan el compromiso social keynesiano están creando un déficit de solidaridad social que está destruyendo la cultura política liberal universalista de la que siguen dependiendo las sociedades democráticamente constituidas. Si los ciudadanos no pueden sentirse incluidos en una sociedad que abraza y protege universalmente ciertos derechos y beneficios fundamentales, se socavan los cimientos mismos de la cohesión social y política, y se pone en peligro la estabilidad democrática.

La lección de Polanyi

La lección de Polanyi es que la economía no está separada de la sociedad, sino que no puede evitar estar *inserta*, es decir integrada, enraizada en la propia sociedad, de modo que la «*sociedad de mercado*», la sociedad en la que «*todo es un mercado*», defendida por los economistas neoliberales de la escuela austro-alemana como Ludwig von Mises, en la que todo se reduce a una mercancía, a largo plazo destruye la sociedad —socava lo que David Gordon define como la «*estructura social de acumulación*»[3]— y da lugar a un contramovimiento, una reacción en varios niveles de la organización política, *desde arriba* y desde *abajo* (comunidad, movimientos sociales, Estado, iglesia, sindicatos, industria), destinada a reaccionar contra las «*dislocaciones*» de las instituciones sociales tradicionales y, por tanto, a proteger a la sociedad de su destrucción.

Polanyi, al igual que los austromarxistas antileninistas de la "*Viena Roja*" socialdemócrata de los años 1920 y 1930 —Rudolf Hilferding, Otto Bauer, Otto Neurath, Max Adler (que acuñó por primera vez el término "*neoliberalismo*" para definir las ideas de von Mises en 1921), Helene Bauer, Karl Renner y

Friedrich Adler— mantuvo una polémica abierta con von Mises y luego con su alumno más importante, Friedrich von Hayek, que publicó el libro *Camino de servidumbre* en 1944.

Polanyi, al igual que sus amigos vieneses, estaba convencido de que el socialismo era "*la tendencia inherente a una civilización industrial a trascender el mercado autorregulado, subordinándolo conscientemente a una sociedad democrática*", mientras que el fascismo representaba el intento de superar la división de la sociedad en esfera económica y políticas, restaurando el poder capitalista mediante la abolición total de la democracia.

El momento de la publicación de la obra de Polanyi fue auspicioso. 1944, de hecho, fue el año del Acuerdo de Bretton Woods, del llamado de Roosevelt a una Carta de Derechos Económicos y del plan de Lord William Beveridge *Pleno Empleo en una Sociedad Libre* con su compromiso con la libertad de la necesidad, que tenía en común con la obra de Polanyi la creencia de que un mercado excesivamente libre nunca más debería conducir a la miseria humana, terminando en el fascismo, y que, por lo tanto, como argumentó John Gerard Ruggie[4], era necesario establecer un «*liberalismo incrustado*» capaz de reconciliar, al menos en los países del *bloque occidental,* el Estado con el mercado, «*reinsertando*» la economía liberal en la sociedad a través de la política democrática, combinando un capitalismo que era esencialmente igualitario con una democracia restaurada, como sucedió durante los «*treinta gloriosos*» en los países ricos.

Solo gracias a la primacía de la política socialdemócrata, el capitalismo y la democracia demostraron ser capaces de coexistir de forma relativamente amistosa en los países del *bloque occidental* tras la guerra. Sin el crecimiento económico generado por el capitalismo regulado por el *fordismo* y el *com-*

promiso socialdemócrata, las grandes mejoras en *el nivel* de vida occidental no habrían sido posibles. Sin las protecciones y los límites sociales impuestos por los Estados a los mercados, las empresas y los capitalistas, los beneficios del capitalismo no se habrían distribuido tan ampliamente, y la estabilidad económica, política y social habría sido imposible de alcanzar.

La adopción del neoliberalismo ha sumido en una crisis *el liberalismo arraigado* y los *pactos socialdemócratas* de finales de la década de 1970, dejando a los mercados, los Estados y las sociedades nacionales cada vez más desconectados. Durante los últimos 40 años, las élites políticas *dominantes* (de centroderecha y centroizquierda) en Estados Unidos y Europa han desmantelado progresivamente los controles políticos que permitieron a los gobiernos nacionales cogestionar el capitalismo durante los «*treinta gloriosos*». Han limitado la política democrática para que se ajuste a la lógica de los mercados internacionales y han trasladado la toma de decisiones a *corporaciones globales*, burocracias independientes o instituciones supranacionales como la Unión Europea y la Organización Mundial del Comercio. Esto ha creado las condiciones para el contramovi miento nacional-populista en los países ricos.

La crisis de la globalización no regulada y la crisis política actual

En el plano político, se está produciendo un verdadero ataque a las bases del "*sistema*", a las raíces del "*pensamiento único*" y a las políticas neoliberales que hicieron posible la globalización. Un cuestionamiento que desde hace años defienden contramovimientos sociales populares *no globales* que han tomado las calles y plazas –de Seattle en EEUU a Génova en Italia, del Parque Zuccotti en Nueva York a la Plaza Syntagma en Atenas, de la

Puerta del Sol en Madrid a la Plaza Tahrir en El Cairo, de la Rotonda de la Perla en Bahréin a la Avenida Habib Bourguiba en Túnez, de la Plaza del Cambio en Saná en Yemen al Parque Gezi y la Plaza Taksim en Estambul– y protestado a favor de una ampliación de los espacios de democracia, participación y justicia social, por la dignidad colectiva y contra una globalización sin reglas y sus consecuencias directas sobre la vida de los estados nacionales, las sociedades locales, las familias y las personas, contra las crueles y destructivas políticas de austeridad que han puesto en crisis *los estados nacionales de bienestar*, contra el poder excesivo del capitalismo financiero (el "*finanzcapitalismo*" descrito por Luciano Gallino), las liberalizaciones regulatorias, las "*desinversiones*" que han mercantilizado los bienes públicos y las deslocalizaciones industriales que han destruido los mercados de trabajo locales y nacionales, desmoronado a las clases medias y trabajadoras y a las economías nacionales desarticuladas.

La teoría del "*doble movimiento*" de Polanyi —un movimiento de desregulación (hacia *el laissez faire*) para expandir el alcance del mercado, seguido de un contramovimiento que intenta gestionar, volver a regular y estabilizar el mercado— sostiene que la sociedad inevitablemente busca protegerse de los peligros y efectos destructivos del libre mercado tratando de reincorporar el mercado, mediante el surgimiento de contramovimientos sociales y la creación de nuevas estructuras político-institucionales —que pueden ser tanto progresistas como regresivas, porque las desigualdades, el miedo, el desorden y la ansiedad social pueden hacer que la necesidad de seguridad, orden y protección (que proviene de la familia, la tribu, la clase social, el grupo étnico, el estado-nación, la religión y la cultura) sea más fuerte que la necesidad de confianza, libertad y democracia— cuando se reconoce el impacto negativo de la reestructuración económica llevada a cabo bajo la ideología del *laissez faire*.

John Rawls (1921-2002), el gran filósofo del liberalismo moderno, argumentó que las libertades fundamentales de las personas debían tener prioridad absoluta sobre los ingresos y la riqueza. Sin embargo, un número creciente de personas está ahora dispuesta a sacrificar los derechos democráticos por la promesa de empleo y un ingreso digno. La idea de la «*sociedad abierta*» se percibe como una amenaza más que como una promesa. Desde el «*cinturón del óxido*» estadounidense hasta la desindustrializada antigua Alemania del Este, las personas se defienden como pueden de los estragos del mercado, buscando refugio en el escaso arsenal ideológico que les queda.

El «*doble movimiento*» de Polanyi puede interpretarse como una metáfora de las fuerzas sociopolíticas que buscan reafirmar un mayor control sobre las dinámicas económicas y políticas en diferentes contextos nacionales contra el capitalismo financiarizado y las fuerzas políticas que lo impusieron. Las clases medias en declive y los trabajadores empobrecidos simplemente recurren a *líderes*, movimientos y partidos que prometen cierta protección frente a los brutales terremotos de la globalización neoliberal que han agravado sus vidas. «*Es cierto que la globalización ha contribuido al aumento del bienestar global. Pero es igualmente cierto que este crecimiento general también ha causado divisiones en el mundo occidental porque no hemos mejorado el acceso individual a los bienes comunes, esos bienes comunes que hacen que cada persona se sienta ciudadana y cada ciudadano persona. Y este es el problema político y cívico*», reconoció Vittorio Colao, uno de los principales *gestores* italianos del capitalismo internacional, ex-director ejecutivo de Vodafone y coordinador del comité que apoyó al gobierno italiano en el diseño de la estrategia pospandemia de la COVID-19[5].

La crisis de la izquierda política

Dada la profunda crisis del modo neoliberal de regulación del proceso de acumulación capitalista, en el plano político se podría tal vez haber esperado, ante la posición de los partidos tradicionales *de* centroderecha y centroizquierda, una contrarrevolución *de izquierda,* aunque sólo sea porque es ese sector político-cultural el que históricamente ha asumido la tarea de luchar por la igualdad sustantiva, la justicia social y la defensa de las clases sociales directamente explotadas por el capitalismo. Un sector político-cultural que ha buscado desarrollar una reflexión alternativa, contrahegemónica, sobre la ideología neoliberal, para un nuevo mundo capaz de superar un modo de producción capitalista regido por el neoliberalismo que genera desigualdades y favorece la acumulación de grandes riquezas por parte de unos pocos y la pobreza de las multitudes.

La historia de la economía política en las últimas décadas se ha caracterizado por una guerra de clases entre el capital y el trabajo (un contramovimiento de la clase capitalista), en la que el capital ha ganado con creces, imponiendo la forma de neoliberalismo, hiperglobalización y un renovado ataque contra las instituciones de la democracia nacional, todo ello con el apoyo activo del Estado, aun cuando las fuerzas político-culturales de la vieja y la nueva izquierda (a pesar de la crisis del «*socialismo real*» tras 1989-1991) han seguido impulsando fuerzas y movimientos políticos abiertamente anticapitalistas y han buscado imaginar formas, estrategias y prácticas para construir una sociedad comunitaria y colectiva dedicada a los «*bienes comunes*», la justicia social y el bienestar universal. Esta sociedad es capaz de contrarrestar las consecuencias destructivas de una sociedad caracterizada por un «*individualismo metodológico*» desenfrenado, la mercantilización del trabajo y la naturaleza, la alienación, la inseguridad, la precariedad y la neurosis, debido a los efectos del *turbocapitalismo* cognitivo en la vida de las personas.

La incertidumbre, la precariedad sociolaboral y las desigualdades económicas generan mayor competencia y divisiones sociales, lo que a su vez favorece la fragmentación de las relaciones sociales, el aumento de la ansiedad colectiva (paranoia, angustia y depresión), la soledad (*jugar a los bolos en solitario,* como destaca David Putnam[6]), la sensación de catástrofe inminente y un mayor *estrés* individual, y por consiguiente, una mayor incidencia de enfermedades mentales, trastornos alimentarios, insatisfacción y resentimiento que llevan a las personas a utilizar estrategias compensatorias (uso y abuso de antidepresivos, psicofármacos, drogas, alcohol y conductas adictivas como *la compra* compulsiva, el juego, la pornografía y la adicción *a los teléfonos inteligentes*), que a su vez generan mayor *estrés* y ansiedad individual y colectiva. Según el Informe de Cómputo de Personas sin Hogar, el 42% de las aproximadamente 30 000 *personas sin hogar* del Área de la Bahía de San Francisco terminaron viviendo en la calle debido a problemas de adicción al alcohol y las drogas, mientras que el 37% acabaron allí debido a enfermedades mentales.

La OMS intenta medir el grado de sufrimiento mental colectivo y estima que más de 800.000 personas se suicidan en todo el mundo cada año, mientras que más de 300 millones sufren depresión (un aumento del 18% entre 2005 y 2015) y 260 millones sufren trastornos de ansiedad y ataques de pánico, muchos de los cuales padecen ambos trastornos, lo que supone un coste estimado para la economía mundial de un billón de dólares anuales en pérdida de productividad. Según estudios del Instituto Nacional de Salud Mental, aproximadamente el 20% de los estadounidenses experimenta un trastorno de ansiedad al año; más del 30% lo experimenta a lo largo de su vida. Un artículo de *Newsweek* destacó las deudas, la disminución de la propiedad de vivienda y la disminución de las tasas de empleo como los *factores de estrés* más tangibles entre *los millennials*. La Fundación de Salud Mental Geriátrica ha observado que «*los miedos comunes sobre el envejecimiento pueden provocar ansiedad*»: miedo al fracaso, al aislamiento, a la dependencia y al deterioro. Para los adultos de mediana edad, el *estrés* de mantener económicamente a sus hijos adultos mientras cuidan de sus padres ancianos puede provocar ansiedad, depresión y un deterioro de la salud general. Estos *factores estresantes*, tan distintos entre sí, surgen en un contexto de precariedad financiera endémica para los trabajadores: si bien los salarios no han aumentado en décadas, el 78% de los trabajadores estadounidenses a tiempo completo viven *de sueldo a sueldo* ("*from paycheck to paycheck*") y el 71% enfrenta algún grado de deuda.

Resulta, pues, un tanto paradójico que en un momento en que el capitalismo atraviesa una crisis de rentabilidad a largo plazo a la que sólo puede responder mediante la financiarización y la creación de burbujas especulativas (en estos momentos el de la inteligencia artificial), así como mediante el desempleo, la precariedad, la desindustrialización y la devaluación del trabajo y del capital, todavía no haya surgido una respuesta anticapitalista de izquierda verdaderamente exitosa (sin olvidar, sin embargo, los intentos de Bernie Sanders y el ala izquierda del Partido Demócrata en Estados Unidos y del Partido Laborista de Jeremy Corbyn en el Reino Unido, ambos derrotados amargamente). Hoy, todo está estancado en el presente, y el horizonte del frente reformista de izquierda se limita, en el mejor de los casos, a demandas de «más recursos para la salud pública», «más dinero para las escuelas», «mayor equidad social» y las habituales nimiedades de la retórica propagandística.

Pero, como lo demuestra el movimiento ecologista en muchos países o los movimientos sociales de autoayuda de base que surgieron casi en todas partes durante la pandemia de COVID-19, en todos los países europeos hay una izquierda oculta, dispersa y fragmentada, presente y viva en la sociedad civil a nivel local —en asociaciones, voluntariado, ciudadanía activa, cooperación, movimientos y «comunidades de práctica» sociales y ambientales— que se dedica a la acción social directa dirigida a satisfacer necesidades esenciales, alimentación, salud, educación, asistencia y alojamiento, pero también dirigida a reactivar las redes sociales, la participación, la inclusión y la producción cultural.

Una sociedad civil organizada, en gran medida carente de representación política y reconocimiento institucional, a la espera de un catalizador, un grupo dirigente unificador y un *liderazgo* adecuado a los tiempos, capaz de actuar como interfaz con el Estado.

Zygmunt Bauman argumentó que la vida contemporánea se desarrolla en un mundo fragmentado. La tarea de la izquierda política debería ser recomponer las piezas, reconstruir una visión unificada del mundo y devolver el sentido colectivo a las vidas individuales.

El neoliberalismo no es solo un sistema económico, sino también una ideología que ha transformado radicalmente la forma en que las personas ven la política y sus propias vidas. Por ello, las fuerzas políticas de izquierda deben desafiar una vez más los axiomas de la sociedad neoliberal y reafirmar sus ideas de igualitarismo y solidaridad.

En el pasado, las fuerzas políticas de izquierda ganaron hegemonía solo cuando fueron capaces de construir una visión ambiciosa del futuro que pudiera involucrar a todos, reuniendo una visión de un destino común en el que los ciudadanos, empezando por los trabajadores, pudieran sentirse involucrados en una dimensión social, en una empresa colectiva cuyo propósito era progresista, es decir, apuntaba a emanciparse de la necesidad, a la protección mutua de los riesgos, de la incertidumbre, del sufrimiento, de las dificultades y de la supresión de los derechos fundamentales.

Esto es cierto a pesar de que, a lo largo de su historia, las fuerzas políticas de la izquierda socialista-comunista han mantenido a menudo una relación extremadamente conflictiva con la cuestión de la libertad individual, vista como una alternativa a la emancipación social. Los juicios estalinistas, las purgas, los *gulags*, las tragedias húngara (1956), checoslovaca (1968) y camboyana (1976-79) fueron el resultado de modelos ideológicos y políticos no democráticos, fundados en un partido único, la prevalencia de la ortodoxia y el dogmatismo ideológico, la negación del pluralismo político y de ideas, la exigencia de obediencia ciega y el autoritarismo.

La izquierda debe retomar una misión dirigida a «*hacer sociedad*» y construir un pueblo, cuyas palabras clave sean la solidaridad (sentido de quiénes somos y de lo que nos debemos unos a otros), las oportunidades de justicia, la redención social y el sentido del deber, para diseñar una sociedad futura mejor, partiendo del supuesto de que la estructura económica, y la cultura que la expresa, es conflictiva y no neutral, y por tanto requiere análisis profundos de los procesos históricos y económico-políticos, así como de ideas y políticas que apunten a reequilibrar o revertir el equilibrio de poder entre el capital y el trabajo.

El desafío urgente para la izquierda en este momento político es, en muchos sentidos, el mismo de siempre: traducir el descontento político en una constelación de movimientos sociales radicales, democráticos y anticapitalistas que involucren y representen a los trabajadores (desde los estables hasta los precarios, desde los blancos hasta los negros, desde los hombres hasta las mujeres) y tengan la capacidad de desafiar al capital y triunfar. Para recuperar su relevancia en el siglo XXI, la izquierda política debe ir más allá de los llamamientos al populismo, tanto en sus formas *liberales*/anarquistas como en las más radicales. Los sorprendentes resultados, aunque sea algo temporal, de Jeremy Corbyn en el Reino Unido y Bernie Sanders en Estados Unidos ya han demostrado que existe interés, especialmente entre los jóvenes, en un resurgimiento de la socialdemocracia y el socialismo.

El viento viene de la derecha

El “*nuevo viento que sacude el mundo*”, que inflige una aparente derrota política al dúo neoliberalismo-globalización, sopla tras una contraofensiva de las fuerzas políticas y culturales más radicalmente conservadoras, nacionalistas, reaccionarias y fundamentalistas *de la derecha.*

Utilizando como armas un lenguaje lleno de burla, maldad y desprecio, una vasta presencia en *los medios sociales* y el llamado populismo reaccionario “*nativista*”, neonacionalista, neoproteccionista, xenófobo, de seguridad y fundamentalista religioso (como los evangélicos cristianos sionistas estadounidenses), esta *derecha radical* hasta ahora ha tenido éxito en construir “*comunidades de resentimiento*” y en montar la ira antiglobalización, anti-*establishment*, anti-financiarización, anti-multiculturalismo, anti-inmigración y anti-complejidad de grandes sectores de las clases medias y trabajadoras estadounidenses y europeas (y no sólo) indignadas, temerosas y empobrecidas por los efectos negativos de la globalización neoliberal y su crisis (después del colapso financiero de 2007-2009), transformándolo en un consenso electoral ganador contra todas las expectativas, análisis y evaluaciones de observadores, analistas y políticos *convencionales*.

Por otro lado, el cambio social que ha tenido lugar en los últimos 40 años, además de las crecientes desigualdades, ha visto cómo las normas y actitudes tradicionales sobre la religión, la sexualidad, la vida familiar y más se cuestionaban, con la sustitución de los derechos sociales por derechos civiles, feministas y LGBTQ+ (lesbianas, gais, bisexuales, transgénero, queer y otras minorías de género). La inmigración masiva (especialmente en Estados Unidos) y la movilización de grupos minoritarios tradicionalmente oprimidos, como los afroamericanos y *los latinos* (55 y 68 millones de los cerca de 330 millones de ciudadanos estadounidenses, respectivamente), han contribuido a alterar los equilibrios y jerarquías políticas tradicionales, haciendo que muchos ciudadanos blancos (especialmente hombres) se sientan particularmente nerviosos, resentidos y enojados.

Desde esta perspectiva, el nuevo nacionalismo reaccionario es profundamente antidemocrático, pues se basa en una visión exclusivista, totalitaria y parafascista de la libertad —definida esencialmente en términos de identidad nacional, étnica o religiosa— en la que el desprecio por la dignidad, los derechos y la libertad del individuo no es incidental, sino fundamental, y se utiliza como arma contra quienes se oponen al «*nuevo orden*» protector, nativista, racista, supremacista blanco, antimulticultural, *machista*, patriarcal y muy a menudo incluso genocida. Se trata de un *colectivismo represivo* en el que la inclusión no se basa en derechos, sino en la identificación de *«otros»* que se convierten en enemigos. Bajo la bandera del colectivismo represivo, el nacionalismo de derecha promueve la idea de la unidad del capital y el trabajo y promueve la búsqueda racista y xenófoba de chivos expiatorios de inmigrantes, refugiados, personas de color, musulmanes y extranjeros. Fomenta la identificación con el agresor a través de una constitución del pueblo mediante el antagonismo contra sus enemigos, transformados en objetos de miedo, permitiendo la traducción de la angustia económica en angustia de identidad cultural.

La idea predominante es que, si queremos seguir con políticas económicas nacionales neoliberales marcadas por el rigor y la austeridad, no hay suficientes recursos para todos y que, por lo tanto, deben venir primero "*los estadounidenses*", o los ingleses, o los húngaros, o los italianos, es decir, "*nuestra*" gente, aquellos considerados "*verdaderos*" a nivel étnico-lingüístico y a quienes debería ser posible exigir una lealtad casi absoluta, excluyendo a aquellos que no son considerados "*dignos*" e "*integrables*": migrantes, pobres, LGBTQ+, "*vagos*", romaníes y sinti (al menos 10 millones en Europa), agitadores sociales, antipatriotas, musulmanes, judíos, feministas, comunistas, etc..

Todo «*soberanista*» se suma a la lista de denigrados, excluidos y perseguidos según sus gustos, circunstancias y el deseo de alimentar las divisiones entre amigos y enemigos, pero una característica común es la de ser «*fuerte con los débiles y débil con los fuertes*». De esta manera, los problemas de disidencia política y malestar social se transforman en asuntos criminales de «*ley y orden*». En lugar de delegarse en las intervenciones de un estado de bienestar cada vez más frágil, se abordan con medidas y técnicas represivas hasta el punto de poner en peligro el respeto por las libertades civiles (empezando por el derecho a la libertad de expresión individual) y los derechos humanos y sociales.

Según el historiador Eric Hobsbawn, *el elemento común* de los movimientos de derecha radical europeos que condujeron al nazifascismo entre las dos guerras mundiales (el «*régimen reaccionario de masas*», como lo llamó Antonio Gramsci), «*fue el resentimiento de los «hombres comunes» en una sociedad que los aplastaba entre la roca de las grandes empresas, por un lado, y las asperezas de los movimientos ascendentes de las clases trabajadoras, por el otro. Una sociedad que, como mínimo, los privó de la posición respetable que ocupaban en el orden social tradicional, y que creían que les correspondía, y que, por otro lado, les impidió adquirir, dentro de su dinamismo, un estatus social al que se sentían con derecho a aspirar. Estos sentimientos encontraron su expresión característica en el antisemitismo…*»[7].

Los radicales de derecha actuales se mueven por una especie de perverso juego de suma cero que les permite sentirse mejor consigo mismos atacando a los demás, creyendo que reconocer que los demás tienen sus propias necesidades y derechos equivale a arrebatárselos a ellos. Es un intento de convertir la ira y el desprecio en autoestima, pero la frustración los lleva a extremos aún mayores.

El populismo reaccionario puede atraer tanto a votantes adinerados como a los más vulnerables, ya que el prejuicio y la hostilidad pueden ser igualmente prevalentes entre los segmentos más adinerados de la población[8]. Perciben que las fronteras entre su grupo y aquellos socialmente inferiores son permeables y, por lo tanto, se sienten amenazados por el peligro de un deterioro en su posición. Buscan fortalecer los mecanismos de legitimación de sus propios niveles de ingresos y riqueza que justifican que otros grupos estén en peor situación, o incluso sean excluidos del acceso a derechos y oportunidades fundamentales. Temen que su riqueza pueda disiparse en un corto plazo debido a la inestabilidad política o económica y financiera, y acumulan resentimiento, creyendo que las medidas de austeridad los han afectado más que a otros grupos.

En su ensayo de 1957 «*Ansiedad y política*», el teórico crítico de la Escuela de Frankfurt, Franz L. Neumann, analizó el papel de la ansiedad en la política. Se preguntó por qué las masas se entregan a *los líderes* y los siguen ciegamente. ¿Cuál es la base del poder de *los líderes* cesaristas para atraer a las masas? ¿En qué situaciones históricas esta identificación del *líder* con las masas tiene éxito, y qué visión de la historia tienen quienes aceptan a estos *líderes*? Para responder a estas preguntas, Neumann propone una combinación de economía política, psicología política freudiana y crítica ideológica. Considera la ansiedad en el contexto de la alienación, un fenómeno económico, político, social y psicológico multidimensional.

Neumann introdujo los conceptos de identificación cesarista, ansiedad institucionalizada y ansiedad persecutoria, argumentando que una sociedad autoritaria de tipo fascista sigue siendo una amenaza real en las sociedades capitalistas liberal-democráticas, especialmente en ciertas condiciones específicas. Estas incluyen crisis políticas, alienación laboral, competencia destructiva, alienación social que amenaza a ciertos grupos sociales, alienación política y la institucionalización de prácticas fascistas, como la promoción de la ansiedad política colectiva, el uso continuo de la propaganda y el terror, la afirmación del nacionalismo persecutorio, la búsqueda de chivos expiatorios políticos y la xenofobia.

Quizás otra condición que podría añadirse a la lista de Neumann es la debilidad de la izquierda política, acosada por rivalidades, guerras internas, facciones, fragmentaciones, aislamiento y ortodoxia, y su frecuente error de cálculo ante los verdaderos peligros de la situación política que enfrenta. En la República de Weimar, el Partido Comunista Alemán consideraba a los socialdemócratas, no a los nazis, su principal enemigo. Los comunistas estalinistas llamaban al Partido Socialdemócrata Alemán *«socialfascismo»* y creían que el capitalismo alemán colapsaría automáticamente tras el ascenso de Hitler al poder.

Hoy en día, las clases medias y trabajadoras están angustiadas porque ven cómo sus condiciones laborales y de vida empeoran, pero lo que a muchos parece importarles es una especie de *«darwinismo social»*, es decir, que en la lucha continua por la supervivencia, las condiciones laborales y de vida de los migrantes, los pobres y otras personas denigradas, excluidas y perseguidas, a quienes se les califica gradualmente, están empeorando más que las suyas. Lo importante es poder sentirse superior —por lo menos— a alguien en una sociedad donde casi todos son tratados no como ciudadanos, sino como «*desperdicios*» o, como escribió Hannah Arendt, «*hombres superfluos*»[9].

La élite, aliada con una clase media temerosa, promueve sin cesar un discurso que culpa a los pobres de su situación. Según este discurso, los pobres son pobres porque son «vagos», «inmorales» o «ignorantes». Los «pobres de derecha» interiorizan este discurso tóxico y, al apoyar a políticos y una retórica que ataca a quienes son más pobres que ellos, realizan un acto simbólico de distinción: «Yo no soy como esos holgazanes; soy trabajador, soy una persona decente, soy buena persona». El gran logro, la obra maestra de las élites de derecha nacionalista, es crear un mecanismo de dominación casi perfecto, en el que una parte significativa de las víctimas del sistema defiende apasionadamente a sus opresores, porque han interiorizado la lógica moral que justifica la desigualdad como un orden natural.

Una ola de conservadurismo político y autoritarismo hacia quienes tienen menos poder está volviendo a poner de relieve los análisis de la «*personalidad autoritaria*» desarrollados en la década de 1940 por el filósofo y sociólogo alemán Theodor Adorno y sus colaboradores Else Frenkel-Brunswik, Daniel Levinson y Nevitt Sanford, basados en investigaciones de la Universidad de California, Berkeley. La cruel ridiculización de los «*estafadores* de la asistencia social», los «*vagos*», los inmigrantes «*ilegales*» y los «*vagabundos*» sin hogar se ha convertido en una forma de gratificación pública mediante la cual se expresan sentimientos generalizados de resentimiento, ansiedad, miedo, ira y disgusto contra los débiles, a quienes se considera solo una carga para los ciudadanos «*trabajadores*» y «*respetuosos de la ley*».

Las fuerzas políticas del populismo identitario, autoritario y reaccionario atribuyen todas las causas del fracaso de las promesas neoliberales a enemigos débiles, como los migrantes. Así, la compresión salarial se explica esencialmente por la competencia desleal de la mano de obra inmigrante, ignorando las numerosas reformas y contrarreformas que, durante los últimos 40 años, han desregulado brutalmente el mercado laboral y erosionado los derechos de los trabajadores en casi todas partes.

La conexión entre el neoliberalismo y el autoritarismo de derecha —un «*neoliberalismo autoritario*», en el que la democracia liberal se reduce a una mera fachada— ha puesto de manifiesto un antiintelectualismo emocional e ideológico que impide cualquier debate sobre ideas socialdemócratas, socialistas y social-emancipadoras, y que justifica y consolida ideológicamente el capitalismo. Por lo tanto, un capitalista multimillonario como Donald Trump puede pretender con éxito ser un héroe de la clase trabajadora. *Líderes* autoritarios de derecha como Trump o Salvini suelen apelar a la clase trabajadora mostrando modales toscos, un *hábito* proletario y utilizando un lenguaje simple y dicotómico. Pero en realidad, cuando están en el poder, estos ideólogos se oponen a los intereses de la clase trabajadora y a menudo aplican leyes que otorgan exenciones fiscales a las grandes corporaciones y a los súper-ricos, y perjudican a la clase trabajadora al desmantelar los efectos redistributivos del estado de bienestar y los servicios públicos.

Los fallos del *establishment* y el ascenso de la nueva derecha

Sobre todo, son las respuestas del *establishment*—o la falta de ellas— a los problemas económicos y sociales las que han creado los mayores problemas tanto a nivel nacional como europeo. En las últimas décadas, el número de ciudadanos de origen extranjero ha crecido hasta niveles históricamente sin precedentes en Europa; sin embargo, los políticos y partidos mayoritarios han prestado poca atención a garantizar que existan las políticas y las capacidades institucionales necesarias para gestionar los cambios y tensiones sociales actuales (por ejemplo, mediante la expansión de los servicios educativos y los programas de reciclaje profesional para adultos).

Se reflexionó poco sobre cómo proteger los sistemas *de bienestar social* o cómo lograr la integración en el mercado laboral y otras esferas sociales, mientras se daba rienda suelta a las fuerzas del mercado, la búsqueda del interés individual y el crecimiento de las desigualdades. Tampoco fue posible mantener la cohesión social, la *fraternidad*, es decir, la solidaridad, la participación y el espíritu comunitario necesarios para una democracia sana y para cualquier esfuerzo colectivo serio.

Como los políticos *tradicionales* no han cambiado el *statu quo*, no han abordado las crecientes desigualdades, no han impedido la reducción de ingresos y empleos, no han intentado modificar un sistema económico y financiero injusto, un número creciente de ciudadanos en dificultades se han sentido abandonados por los partidos tradicionales.

Como observó Karl Polanyi en *La gran transformación*, intentar establecer una economía *de laissez-faire* significa intentar separar la economía de mercado del resto de la sociedad. Un mercado sin restricciones libera al capital de las normas de la sociedad en general, genera inestabilidad, tiende a empeorar las condiciones laborales y aumenta la pobreza y la privación entre las clases trabajadoras. Esto, a medio y largo plazo, genera una revuelta social. En la primera mitad del siglo XX, ello se manifestó en movimientos sociales y políticos que condujeron al nacionalismo, el «*socialismo real*» y el nazifascismo. En la fase actual, esta revuelta se manifiesta como una «*revuelta de las masas*» contra un *establishment* hasta ahora incapaz de ofrecer una solución al problema, y a favor de contramovimientos políticos liderados por «*hombres nuevos*» que prometen soluciones aparentemente sencillas para «*recuperar el control*» y restaurar un pasado nacional dorado de buenos empleos, familias unidas y felices, y comunidades más fieles a los valores tradicionales (como el movimiento Make America Great Again —MAGA— de Trump). Esto ocurre a medida que la revolución digital, que avanza a través del aprendizaje automático y la inteligencia artificial, implica que habrá aún más cambios disruptivos e incertidumbre, especialmente en el lugar de trabajo.

La incapacidad del *establishment* para ofrecer respuestas e intervenciones adecuadas a la crisis del proceso de acumulación capitalista regido por el neoliberalismo ha contribuido a crear una apertura política para la derecha populista, que no solo señala a los migrantes, el chivo expiatorio perfecto que se ha convertido en el símbolo del enemigo del que debemos defendernos, transformando el miedo en odio, sino que en algunos casos ha asumido, aunque distorsionadas, posiciones que habían sido de izquierda, incluyendo la defensa del estado de bienestar, el intervencionismo gubernamental y los valores seculares. Ha exigido una mayor atención a los intereses de los sectores bajos y medios (pymes, negocios con baja tasa de innovación tecnológica, artesanos, comerciantes, agricultores y profesionales tradicionales) penalizados por el proceso de globalización, e incluso ha tendido la mano a los trabajadores y otros votantes desilusionados y alienados que en una era anterior habrían votado por partidos socialdemócratas o comunistas.

El ascenso global de un nacionalismo conservador que parece apuntar a crear formas más controladas por el Estado de capitalismo nacional y «*comunidades nacionales*» —lideradas por *líderes* aparentemente carismáticos incuestionables que aspiran a defender valores nacionales tradicionales especiales, controlar las fronteras contra los *virus* de la inmigración, el multiculturalismo y la influencia «*extranjera*» (desde activistas de derechos humanos hasta inmigrantes musulmanes, desde terroristas hasta grandes finanzas, desde la Unión Europea hasta el multimillonario financiero y filántropo «*globalista*» húngaro-judío, estadounidense naturalizado, George Soros, quien se expatrió de Hungría cuando era niño en 1947, y es un defensor de la «*sociedad abierta*» defendida por los filósofos-economistas austriacos Karl Popper y Friedrich August von Hayek)— se ha convertido rápidamente en una amenaza, porque representa una receta para la represión doméstica, el capitalismo de amiguismo, la corrupción masiva, la implosión del estado de derecho, la erosión de los derechos de ciudadanía individual y social, y el aumento del racismo y el conflicto internacional.

Además, con los nacionalistas conservadores y reaccionarios, como fue el caso de los políticos *tradicionales*, los problemas que realmente preocupan a la mayoría de la población, a los millones de trabajadores —la reducción de empleos estables, bien pagados y de calidad, las desigualdades sociales, la pobreza en la vejez, la inseguridad y la explotación laboral, los problemas de vivienda, la negación de los derechos sociales, *el apartheid* social y sanitario— son omnipresentes, pero no se abordan verdaderamente, porque incluso estos «*hombres nuevos*» no cuestionan el paradigma ideológico de la regulación económica neoliberal, la forma deshumanizadora en que opera el capitalismo, considerando esto no como el problema, sino como la solución (glorifican su crueldad), aunque expresada en una lógica territorial «*soberanista*».

Esto es evidente en las políticas económicas nacionales que han aplicado hasta ahora: nuevos recortes de impuestos para los ricos, mayor desregulación (incluida la ambiental) y privatizaciones, recortes generalizados al gasto social para trasladar recursos al gasto militar (pensemos en el rearme europeo) y de seguridad, y ningún beneficio directo para la clase trabajadora aparte de la promesa de reindustrialización por parte de empresas incentivadas por el proteccionismo y las exenciones fiscales a las ganancias.

Los economistas de la Universidad de Berkeley Emmanuel Saez y Gabriel Zucman[9] calcularon que los recortes de impuestos de 1,5 billones de dólares que Donald Trump y el Partido Republicano llevaron a cabo en 2017 ayudaron a las 400 dinastías multimillonarias más ricas de Estados Unidos (las que figuran en la «*lista Forbes*») a pagar una tasa impositiva promedio del 23% en 2018, mientras que la mitad inferior de los hogares estadounidenses pagó una tasa del 24,2%. En 2018, por primera vez en la historia moderna de Estados Unidos, el capital pagó menos impuestos que el trabajo (este recorte de impuestos acaba de ser declarado permanente por la mayoría republicana en el Congreso).

Desde 1980, la proporción de la riqueza estadounidense que pertenece a las 400 dinastías multimillonarias estadounidenses se ha cuadruplicado, mientras que la proporción que pertenece a la mitad inferior de la población estadounidense ha disminuido. Las 130.000 familias más ricas de Estados Unidos poseen ahora casi tanto como el 90% más pobre (117 millones de familias). Según Saez y Zucman, si el 1% más rico de la población estadounidense pagara una tasa impositiva del 60%, el gobierno federal de Estados Unidos recaudaría aproximadamente 750 mil millones de dólares más por año, suficiente para pagar el cuidado infantil, un programa de infraestructura y mucho más.

Este enfoque económico, combinado con la eliminación de la cuestión social del debate político, es particularmente peligroso porque favorece a los ya privilegiados y castiga a los ya desfavorecidos, profundizando las desigualdades y contribuyendo al auge de la extrema derecha. Un círculo vicioso, porque el auge de los nacionalistas de derecha no puede detenerse hasta que se rompa con las políticas neoliberales de libre mercado que, como argumentó Karl Polanyi, destruyen la sociedad y exacerban los desequilibrios en la economía global.

Se trata de intentos de sustituir la ideología de la "*globalización feliz*" o del "*globalismo*" —que, según los partidarios de estas posiciones político-culturales, querría cancelar los principios o identidades nacionales, la existencia misma de fronteras y sancionar el derecho humano a emigrar— para dar vida a formas regresivas y cínicas ("*realistas*") de neoliberalismo nacional atenuadas por políticas de bienestar social destinadas (de manera clientelar) a aliviar el sufrimiento de segmentos muy limitados del cuerpo social nacional.

Desde esta perspectiva, el populismo nacionalista representa la cara política del neoliberalismo en crisis. Estas respuestas ilusorias y peligrosas a los fracasos económicos e institucionales están exacerbando en todos los países del bloque occidental la crisis de las clases medias y trabajadoras, en lugar de frenarla. Los «*hombres nuevos*» del bando reaccionario buscan hacer creer que la restauración de un Estado nacional gobernado con mano de hierro (con «*plenos poderes*»), dotado de todos los atributos de la soberanía interna y externa, capaz de cerrar sus fronteras a los migrantes y a ciertos bienes, imponer leyes financieras y de mercado más severas a la población y rechazar todos los acuerdos de cooperación internacional sobre el cambio climático, es la única manera de mejorar la situación social de la gran mayoría de la población.

Si las principales amenazas pasan a ser los migrantes, los enemigos *de "nuestros orígenes judeocristianos"*, George Soros, o las importaciones chinas, es posible una nueva política procapitalista de base nacional, que apunte a mantener al país fuera de las instituciones y de los flujos no deseados de capital, bienes y, sobre todo, personas: migrantes económicos, refugiados, solicitantes de asilo y refugiados de color, aquellos a quienes Trump ha llamado "*animales*" de "*países de mierda*", como los 300.000 centroamericanos y haitianos con *estatus* de protección temporal que han estado viviendo en Estados Unidos durante décadas, a quienes quería deportar en masa, para hacer efectiva su propia versión nacional del neoliberalismo conservador, racista, reaccionario y autoritario.

El vaciamiento de la democracia

En su libro *La gran transformación*, Karl Polanyi identificó un conjunto muy similar de acontecimientos que llevaron al colapso del orden mundial liberal a principios del siglo XX. Como señaló, el ascenso del fascismo y el nazismo no fue simplemente una consecuencia de los trastornos resultantes de la Primera Guerra Mundial y la Gran Depresión, sino, más importante aún, de la amplia liberalización de los mercados mundiales en la primera ola de globalización en la segunda mitad del siglo XIX. Para Polanyi, fue la «*desagregación*» de las relaciones económicas de todas las restricciones sociales, la mercantilización de las esferas de la vida hasta entonces protegidas de las «*intemperancias del mercado*» y las intensas inseguridades sociales engendradas por esta «*gran transformación*» lo que impulsó el surgimiento de contramovimientos nacionalistas al liberalismo económico, una reacción popular contra *las altas finanzas* cosmopolitas, personificadas por el estereotipo racista del judío codicioso, y contra el *establishment* político de entonces. En 1935, el dramaturgo marxista alemán Bertolt Brecht escribió una breve nota sobre el capitalismo y el fascismo: «*Quienes se oponen al fascismo sin estar en contra del capitalismo están dispuestos a comer ternera, pero se oponen a ver sangre. Se conforman fácilmente si el carnicero se lava las manos antes de pesar la carne. No se oponen a las relaciones de propiedad que engendran la barbarie; solo se oponen a la barbarie misma*».

Existe una tensión inevitable entre el capitalismo y la democracia política, una tensión que puede gestionarse, pero no eliminarse, debido al conflicto entre dos lógicas: la de la competencia entre individuos desiguales en términos de fortuna, talento, capital y poder, y la de garantizar a todos los ciudadanos no solo derechos económicos, sino también políticos y sociales. La contradicción de perseguir el ideal de la igualdad política en un contexto económico que genera desigualdad requiere la presencia de un organismo colectivo superior, el Estado, que, mediante políticas públicas, busca y gestiona un compromiso socialmente aceptable entre estas dos dimensiones de la vida social.

Los regímenes fascista y nazi (pero también los regímenes dictatoriales de Japón, España, Portugal, Grecia, Chile, Argentina y muchos otros países) demostraron en el siglo XX lo que ocurre cuando se altera el equilibrio entre la democracia representativa y el capitalismo; es decir, si, para salvar al capitalismo sacudido por una crisis económica y financiera sistémica, se sacrifica la democracia y se instaura un «*capitalismo autocrático*». El fascismo, el nazismo y otros regímenes autoritarios o tecnocráticos representaron reformas de la economía de mercado logradas a costa de la erradicación de todas las instituciones democráticas, tanto industriales como políticas;

representaron formas de abordar las crisis de las sociedades capitalistas involucrando a las masas (el «*pueblo*») desde arriba, combinando el chovinismo, utilizado como arma contra objetivos falsos, con formas de *bienestar* y protección compatibles con los intereses de los segmentos más desinhibidos y politizados de los grandes capitalistas. Tras la promesa de recomponer la economía capitalista, el «*pueblo*» estaba dispuesto u obligado a intercambiar libertad por protección.

En *Camino de servidumbre* (1944), el destacado teórico e ideólogo neoliberal Friedrich A. von Hayek había argumentado que el socialismo y el fascismo son "*manifestaciones inseparables de lo que teóricamente llamamos colectivismo*". Según Von Hayek, ambos no "*reconocen esferas autónomas en las que los fines de los individuos sean supremos*". En consecuencia, Hayek rechazó las nociones del "*bien común*" y el "*interés general*", argumentando que solo una sociedad neoliberal, en la que la sociedad y sus instituciones se organizan como mercados y se basan en la forma de la mercancía y la acumulación de capital, puede garantizar la democracia y la libertad. Como observó Polanyi: «*El sistema económico, que corría peligro de desmoronarse, se revitalizó, mientras que el pueblo mismo fue sometido a una reeducación diseñada para desnaturalizar al individuo e incapacitarlo para funcionar como unidad responsable del cuerpo político. Esta reeducación, que comprendía los principios de una religión política que negaba la idea de la fraternidad humana en todas sus formas, se logró mediante un acto de conversión masiva contra los recalcitrantes métodos científicos de tortura*».

El fascismo fue una reacción al peligro de una revolución social en una época de dislocación económica y depresión. Contaba con cuadros dedicados, movimientos de masas organizados y poseía una ideología articulada.

Nada remotamente comparable, ni en términos de la amenaza al orden establecido de la izquierda (como alternativa al neoliberalismo), ni en términos de una fuerza de masas disciplinada y militarizada de la derecha, existe por ahora en casi ningún país del mundo hoy en día. Para tomar y mantener el poder, los nacionalistas de derecha y sus *líderes* no han tenido necesidad de recurrir a la represión masiva, ya que no existe una oposición masiva ni una sociedad civil organizada y robusta que aplastar.

No pretenden abolir el parlamentarismo ni los derechos individuales, sino destruir la democracia desde dentro. Por ahora, son híbridos que podrían desembocar en el fascismo o transformarse en una nueva forma de democracia conservadora, autoritaria y populista. No recurren tanto a la violencia física, sino que se valen de otras herramientas poderosas —los algoritmos que controlan la comunicación *en redes sociales*, la defensa de los valores tradicionales y las soberanías e identidades nacionales *amenazadas* por la globalización, y la aplicación sistemática de la lógica del chivo expiatorio— para someter a las personas *a una reeducación destinada a desnaturalizar al individuo e incapacitarlo para funcionar como unidad responsable del cuerpo político.*

Churchill bromeó diciendo que «*la democracia era la peor forma de gobierno, aparte de todas las demás*», pero no debemos cometer el error de considerar la libertad y la democracia —entendidas como emancipación, solidaridad, justicia, constitución del cuerpo político, forma de producir libertad política y promoción de la igualdad de condiciones, y no como una mera técnica administrativa o competencia electoral— como algo adquirido para siempre, pues son logros que deben defenderse, actualizarse y renovarse *constantemente.* En una sociedad capitalista, la democracia no es simplemente una forma de gobierno, sino un proceso que lucha continuamente por alcanzar la igualdad política y económica. Ofrece la posibilidad de desafiar las desigualdades y de promover demandas de igualdad frente al Estado.

Las debilidades de la democracia en Europa

El descontento con el nexo entre neoliberalismo y globalización se ha extendido a todos los países ricos, pero las respuestas para aprovecharlo o contrarrestarlo y ganar una contienda electoral siempre han sido locales. Como argumenta Polanyi, si bien el impulso de proteger a la sociedad de los efectos destructivos del mercado, incluso a costa de sacrificar la libertad individual (el llamado «*impulso fascista*»), es un fenómeno universal, las circunstancias locales determinan si los contramovimientos sociales y políticos logran alcanzar el poder.

Si los resultados de los movimientos populistas corren el riesgo de poner en tela de juicio la democracia representativa, Gino Germani, uno de los primeros estudiosos que han puesto su atención cuidadosamente en el fenómeno del populismo latinoamericano en el período de posguerra, interpretó este fenómeno como una variable dependiente del proceso de modernización y movilización de las masas e hizo una clara distinción entre movimientos populistas como el fascismo en el que la relación entre la clase media y las clases más ricas es central como una forma de *«movilización desde arriba»* destinada a controlar a las clases subalternas también con vistas a contrarrestar una movilización bolchevique, y movimientos nacional-populistas como el peronismo que se configura como una ideología multiclasista *«desde abajo»*, en el que la clase media se *«alía»* con las clases subalternas sindicalizadas contra las clases altas.

Por lo tanto, es incorrecto clasificar todos los llamados contramovimientos nacional-populistas como un solo fenómeno. Esto sería una simplificación que ignora las diferencias significativas que surgen de las especificidades de las distintas culturas políticas y estructuras socioeconómicas nacionales, así como de las orientaciones ideológicas que divergen a lo largo de un *continuo* que abarca desde la extrema derecha (neofascista y neonazi), que aboga por el nacionalismo radical y las políticas antiinmigratorias, hasta la extrema izquierda (neocomunista), que lucha por el socialismo, se opone a las políticas neoliberales y aboga por la aceptación (parcialmente controlada) de los migrantes. Esto pone de relieve no solo la naturaleza *camaleónica* y la maleabilidad del populismo, sino también el hecho de que es prácticamente imposible y metodológicamente defectuoso adoptar una postura axiológica firme hacia el populismo, como si fuera algo bueno o malo, reaccionario o progresista, democrático o antidemocrático. Sin embargo, en Europa estos contramovimientos están unidos por el hecho de que buscan legitimarse agitando un nacionalismo que dramatiza las amenazas externas al Estado-nación, ya sean financieras, comerciales, culturales, migratorias o terroristas.

En su primer discurso ante el Parlamento Europeo en Estrasburgo (17 de abril de 2018), la ciudad que había regresado a Francia con el Tratado de Versalles en 1918 y era un símbolo de la reconciliación franco-alemana desde 1945, Emmanuel Macron enfatizó que lo que estamos viviendo *«no es un período normal»* porque *«una especie de guerra civil europea está emergiendo»* y *«nuestros egoísmos nacionales y el atractivo iliberal»* de Orbán y otros *«soberanistas cristianos»* (defen- sores de un cristianismo sin Cristo) están saliendo a la superficie, con un continente dividido *«entre Este y Oeste, entre Norte y Sur, entre países pequeños y grandes»*. Macron también evocó los riesgos de una guerra real, recordando a aquellos que, como él, no la han experimentado, el riesgo de «*convertirse en la generación de sonámbulos, que se están permitiendo el lujo de olvidar lo que sus predecesores experimentaron*» y superaron solo con la Unión Europea.

En este complejo contexto político, Macron se había erigido a sí mismo como el Alexander Hamilton europeo, defendiendo la necesidad de una federalización fiscal y política para afirmar la *soberanía europea*, es decir, una *Europa* que proteja los intereses y valores compartidos —mediante una mayor redistribución y reparto de riesgos en la eurozona (como alternativa a la austeridad neoliberal de la Europa *competitiva* de la Alemania de Merkel)— frente a las amenazas internas del populismo nacionalista y amenazas externas percibidas (desde Rusia hasta China, los Estados Unidos de Trump, el cambio climático, la migración masiva y la revolución digital). Según Macron, en un mundo de gigantes, Europa debe ser un gigante; de lo contrario, si los europeos se separan, serán severamente pisoteados. Hoy, la visión de Macron parece haberse perdido en el camino, superada por la de una Europa no solo neoliberal sino también belicista, caracterizada por una economía de guerra.

Hoy más que nunca, en el plano político, es absolutamente esencial impedir que el populismo nacionalista neoliberal de centroderecha y extrema derecha, proteccionista y xenófobo se alíen en un frente común (es decir, que los denominados «cordones sanitarios democráticos» y los «muros de fuego» que aíslan a la extrema derecha se vean debilitados o rotos) —que los liberales conservadores y los nacionalistas reaccionarios unan sus fuerzas— con el riesgo de que, en este camino, las fuerzas políticas de centroderecha sean devoradas por las reaccionarias radicales, allanando el camino para la creación de regímenes de «*capitalismo autoritario*» (como los que operan desde hace tiempo en

Rusia, Turquía, Egipto, India, Filipinas, etc.).

Los fascistas de Mussolini y los nacional-socialistas de Hitler tomaron el poder de manera «*constitucional*», a través de las elecciones y el apoyo de los liberales y conservadores, respectivamente, de Giovanni Giolitti y Antonio Salandra en 1920-22 y de Franz von Papen y Paul von Hindenburg en 1932-33 (junto con la complicidad de miembros del *establishment*: magistrados, oficiales de la policía y de las fuerzas armadas, empresarios), que pensaron que podían domesticarlos y utilizarlos como un movimiento antiobrero, antisocialista y anticomunista en función, y en cambio pronto terminaron siendo devorados.

Desde esta perspectiva, cabe recordar que el Estado constitucional de derecho (definido por el liberalismo político y la separación de poderes) es uno de los principales antídotos contra la prevalencia del capitalismo sobre la democracia. Por lo tanto, es una herramienta fundamental para que el capitalismo sea menos socialmente destructivo o incluso para promover una alternativa al orden capitalista. Impide el aislamiento del individuo del mercado y del Estado que opera al servicio del mercado, ya que permite la promoción y el desarrollo de poderes compensatorios (movimientos sociales y organismos intermedios como sindicatos, partidos políticos, asociaciones, medios de comunicación, etc.) que, como señaló Antonio Gramsci, pueden librar una «*guerra de posiciones*» y luchar por un sistema más equilibrado de redistribución de la riqueza, es decir, por una regulación más equitativa y democrática de las relaciones conflictivas entre el capital y el trabajo.

Cabe recordar que se necesitaron años de conflicto entre los movimientos sociales y los sindicatos para lograr la jornada laboral de ocho horas, condiciones laborales dignas en las fábricas, sistemas nacionales de salud pública, educación y *bienestar*, el sufragio femenino y políticas de pleno empleo. Fue en el contexto político e institucional del Estado de derecho que millones de personas lograron organizarse, debatir, presionar y representarse a sí mismas, construyendo plataformas comunes de demandas por las que lucharon, logrando la expansión de los derechos civiles, económicos y sociales para todos y cambiando el *statu quo.*

Las fronteras entre los partidos conservadores y los partidos/movimientos populistas de extrema derecha se están difumi- nando en toda Europa, donde los primeros adoptan las plataformas políticas reacciona- rias de los segundos en materia de políticas ambientales y de cambio climático (con la completa deconstrucción del Pacto Verde), inmigración, islam y seguridad interna. Por otro lado, el neoliberalismo no es rechazado por los propios nacionalistas reaccionarios, sino que se está arraigando más profundamente en las estructuras familiares conservadoras y en una identidad colectiva para contrarrestar lo que se percibe como la *«amenaza de la islamización»* proveniente de Oriente. En este sentido, estas fuerzas no representan un rechazo total a la globalización: aceptan una división internacional del trabajo con importantes flujos transfronterizos de mercancías (materias primas y, en menor medida, bienes industriales) e incluso acuerdos comerciales multilaterales, pero sí exigen controles y restricciones más estrictos a ciertos tipos de migración (islámica, pobre, africana y asiática), porque —como afirma Orbán— *«no queremos diversidad ni mestizaje en nuestra sociedad: no queremos que nuestro color, nuestras tradiciones y nuestra cultura nacional se mezclen con los de otros»*.

Salir de la crisis reconstruyendo la esperanza en un futuro compartido para la humanidad

Nos encontramos en plena transición: si bien el neoliberalismo no ha muerto, sin duda ya no es la ideología indiscutible de nuestra época. Esto no significa que las ideas neoliberales vayan a desaparecer pronto. Al fin y al cabo, en los Estados Unidos la Seguridad Social sigue existiendo, pero el orden del New Deal que la instauró ya no. Elementos del pensamiento neoliberal seguirán influyendo en la vida de los países occidentales durante mucho tiempo. Sin embargo, el orden neoliberal ya no tiene la capacidad de imponer conformidad, de exigir apoyo, de definir los parámetros de las políticas. Ni siquiera el tecno-utopismo de figuras como Elon Musk puede ocultar la verdad: graves desequilibrios estructurales en la economía global amenazan no solo con colapsar los sistemas económicos, sino también con desgarrar el tejido social tanto de Estados Unidos como de los países europeos.

El resultado es que, al igual que hace un siglo, las contradicciones intrínsecas del «orden internacional liberal» (el denominado "orden internacional basado en reglas") están provocando una vez más el colapso del sistema y una dramática escalada de las tensiones internacionales. El surgimiento del Frente BRICS+ y la Organización de Cooperación de Shanghái, que gobiernan gran parte de la población mundial (4.500 millones de personas, lo que representa más del 55% de la población mundial, y aproximadamente el 37,3% del PIB mundial, calculado a paridad de poder adquisitivo), indica que los países occidentales ya no pueden con libertad saquear sus economías como lo han hecho durante los últimos cinco siglos. Se acabó. China, India, Brasil, Indonesia e Irán —a pesar de las sanciones estadounidenses—, con economías industriales pujantes y poblaciones jóvenes, están en vías de rápido desarrollo y desean negociar en igualdad de condiciones con las potencias tradicionales. Países cuyos estados no han sido privatizados, como ha ocurrido en Occidente. No han acabado en manos de una clase política vasalla y nihilista que sirve a los intereses de grandes grupos industriales y financieros (empezando por los fondos financieros especulativos —como la "tríada" compuesta por Vanguard, Black Rock y State Street— que hoy son más fuertes que algunos estados, decisivos para la estabilidad de las monedas, en particular del dólar, y la deuda pública, y propietarios de enormes participaciones en la economía real: bancos y empresas industriales y comerciales).

Hemos entrado en una nueva era, ochenta años después del fin de la Segunda Guerra Mundial, caracterizada por la Pax Americana. Un período histórico en el que Estados Unidos tuvo prácticamente carta blanca para diseñar el orden económico internacional —con el Fondo Monetario Internacional, el Banco Mundial, la Organización Mundial del Comercio y la Guerra Fría (con la creación de la OTAN en 1949)— según sus propios términos, a pesar de haber prometido un multilateralismo basado en los principios consagrados en la Carta de las Naciones Unidas y caracterizado por la igualdad de trato para todos los Estados, sin injerencia en la política interna, sin la imposición de aranceles unilaterales ni sanciones selectivas. Un sistema internacional en el que ningún Estado podía decidir unilateralmente con qué países otro Estado podía o no comerciar o recibir inversiones, etc. Sin embargo, todo esto ha sido violado cada vez con mayor frecuencia por Estados Unidos, especialmente después de que los neoconservadores asumieran el control de la política exterior estadounidense al final de la Guerra Fría.

Pero eso no es todo. El escenario que se presenta verdaderamente catastrófico para Estados Unidos y Europa es que la tendencia hacia la financiarización, inherente al capitalismo maduro, se vea aún más acentuada por la competencia insostenible de los países emergentes. Economías ficticias, desindustrialización, deuda pública, desempleo, burbujas especulativas a punto de estallar: este es el posible futuro para Estados Unidos y la Unión Europea. Algunos analistas confían en el uso de la inteligencia artificial para revitalizar el proceso de acumulación. Pero el potencial económico de esta tecnología reside en producir riqueza con un uso cada vez menor de la mano de obra: se volverá insostenible en una sociedad organizada según las jornadas laborales del siglo XIX y bajo la vieja lógica capitalista. Es la percepción, más o menos clara, de este futuro inminente lo que lleva a la desesperación a las ineptas élites occidentales. El comportamiento despiadado de Trump, incluso contra las economías de sus aliados europeos, no es una expresión (solo) de su psicopatía, sino el fruto de la comprensión de la trampa en la que ha caído el Imperio. Es el león herido y acorralado que ruge y ataca a diestra y siniestra.

El capitalismo es dinámico y contradictorio en su evolución. Pero la clase dirigente estadounidense, al parecer, no se preocupa de que todo el mercado bursátil se base literalmente en ocho empresas (Google, Alphabet, Amazon, Nvidia y las demás grandes tecnológicas) y en el extraordinario crecimiento del precio de sus acciones (otra burbuja financiera de Wall Street). No lo consideran un problema. Por otro lado, tampoco les importa la enorme desigualdad. Ni siquiera entienden lo que significa. En Nueva York se celebraron elecciones a la alcaldía y Zohran Mamdani, un joven musulmán socialista democrático que apoya a los palestinos y ha centrado toda su campaña en cuestiones de asequibilidad de la vida en la ciudad, resultó elegido. Esto era inimaginable hace cinco años o en cualquier momento del siglo pasado. Están ocurriendo cosas que nunca esperamos ver en nuestras vidas. Y nos sentimos un tanto abrumados por la fuerza de la evidencia acumulada y por su contraste con la actitud de negación de gran parte de la clase dirigente estadounidense y europea. Pero claro, como enseña la psicología, entre las formas en que los seres humanos reaccionan ante un cambio social considerado excesivo se encuentran, por un lado, la negación de la realidad y, por otro, la puesta en escena de una ficción, es decir, comportarse como si nada ocurriera. Mediante la negación y la puesta en escena de la ficción, podemos intentar gestionar una respuesta reconfortante ante un cambio drástico.

Si Polanyi viviera hoy, probablemente no sería tan optimista como cuando publicó su libro: creía que se estaba erigiendo un sistema socialista democrático basado en la subordinación de las economías nacionales y la economía global a la política democrática. La idea subyacente de la élite euroamericana no es fortalecer la cooperación internacional y entablar un diálogo abierto con las potencias «emergentes» (China, Rusia, Brasil, India, Indonesia, etc.), sino apoyar la deriva hacia un mundo dominado por polos esencialmente autosuficientes en energía y tecnología, fuertemente armados y dispuestos a ir a la guerra para resolver cualquier disputa. Estamos viendo que lo que Occidente llama democracia es oligarquía, y lo que ataca como autocracia es un sistema político como el de China que pretende elevar el nivel de vida y prevenir la polarización económica entre una reducida clase financiera y el resto de la sociedad, fruto de la economía endeudada que caracteriza a Occidente. Sin duda, nos encontramos en medio de otra «gran transformación», pero el futuro que anuncia no podría estar más alejado del orden internacional democrático y cooperativo que él vislumbró.

Quizás la derrota de los grupos dominantes en Estados Unidos y lo que queda de la Unión Europea, junto con el establecimiento de un orden internacional multipolar cooperativo, sea la condición necesaria para reabrir las perspectivas de un posible socialismo en el siglo XXI. Sería, además, el primer paso para abordar el ambicioso y brillante intento de Luigi Ferrajoli de redactar una constitución para la Tierra (*Hacia una Constitución para la Tierra, Feltrinelli, Milán, 2022*), capaz de garantizar la paz y salvar la biosfera del colapso.

En resumen, el panorama global en constante evolución está plagado de dificultades y peligros, pero también ofrece oportunidades que pueden aprovecharse positivamente. Por un lado, se abre la posibilidad de un «fascismo de la libertad», una «democracia iliberal», una «democracia autoritaria», una «democracia oligárquica» (como la plantea Emanuel Todd en *La derrota de Occidente*, Fazi Editore, Roma 2024) o un «fascismo liberal» (tal como temía Ferrajoli). Esto promete combinar el individualismo («cada cual es su propio empresario») y el poder soberano dentro del marco de una sociedad nacional simplificada, conformista y culturalmente homogénea, repleta de contenido radical menteantidemocrático (en comparación con el modelo de democracia liberal), transmitido a través de una retórica propagandística de libertad frente a influencias extranjeras, la censura de lo políticamente correcto, las obligaciones de solidaridad, cuestionando el derecho internacional, las normas y los impedimentos que supuestamente obstaculizan a las personas y a las empresas.

Por otro lado, no debemos dar por sentado que el capital triunfará, sino que debemos comprender que este es un momento crucial para que quienes tienen ideas —diversos movimientos, como los ecosocialistas (ver Saito Kohei, *El capital en el antropoceno*, Einaudi, Turín 2024) y aquellos que luchan contra el rearme, el capitalismo de guerra y la práctica del genocidio— para reorganizar la economía y la política, y reconstruir una relación más equilibrada entre la humanidad, la sociedad y la naturaleza, den un paso al frente y luchen por sus ideales. Mientras los partidos populistas etnonacionalistas ganan terreno en Occidente, los progresistas y los partidos de izquierda deben anteponer las prioridades sociales y climáticas a los intereses del mercado, reconociendo que, para salir de la «*crisis universal*», similar a la Gran Depresión de las décadas de 1920 y 1940, en la que la humanidad lleva mucho tiempo inmersa, debemos luchar por abandonar el capitalismo y adoptar un modo de producción diferente, uno que garantice verdaderamente la salvación de la humanidad y respete el equilibrio de la naturaleza y la dignidad humana. Las fuerzas de la izquierda política deben tratar de señalar las condiciones que pueden propiciar el renacimiento de la política como agente de transformación social, un proyecto para una nueva organización de la sociedad.

Algo que la humanidad ha aprendido durante la pandemia de la COVID-19 es que podemos cambiar radicalmente nuestro estilo de vida de la noche a la mañana. Pensemos en cómo empezamos a trabajar desde casa, compramos menos, viajamos menos en avión y comemos menos. Demostramos que trabajar menos era más respetuoso con el medio ambiente y ofrecía una mejor calidad de vida. Pero ahora el capitalismo intenta, de alguna manera, devolvernos a un estilo de vida *«normal»*, y debemos reaccionar pensando y practicando una alternativa radical.

En primer lugar, debemos abandonar el neoliberalismo como forma de regular la acumulación de riqueza. Este modelo se impuso a finales de la década de 1970, pero su legitimidad se encuentra en crisis desde la Gran Recesión de 2008. La doctrina neoliberal insiste en que la política y la sociedad deben someterse al *«mercado»*, lo que implica que la democracia ha de someterse al poder del dinero y a la *lógica* de la acumulación de capital. Cualquier obstáculo a la acumulación de riqueza —como la propiedad pública, la asequibilidad de la vida, la dignidad de los trabajadores, el estado del bienestar y el sistema nacional de salud, los impuestos, la regulación, los sindicatos y la protesta política— debe ser desmantelado y erradicado a toda costa. No es casualidad que el neoliberalismo se asocie con políticas económicas públicas de austeridad, con recortes de impuestos para los ricos y las corporaciones que reducen los ingresos públicos, generando una presión irresistible para recortar el gasto público (una táctica conocida como «*matar de hambre a la bestia*», porque conduce inexorablemente a la crisis fiscal del Estado). Durante casi 40 años, el neoliberalismo no ha encontrado oposición sustancial y ha permitido que los ricos se hagan cada vez más ricos, inflando el valor de los activos financieros e inmobiliarios y la deuda de las familias comunes, destruyendo las relaciones humanas, las condiciones laborales y el mundo en que vivimos.

Una distribución más equitativa de la renta no es un lujo que pueda permitirse una vez estabilizada la economía mundial, sino una parte integral de una estructura social de acumulación sana que pueda sostener y regular una nueva fase de crecimiento econó- mico global capaz de generar tanto aumentos de productividad como de salarios, y por consiguiente, una auténtica expansión de la demanda.

Esto exige la creación de un conjunto más eficaz de normas y formas institucionales de coordinación y cooperación globales. Esto permitirá que el capital financiero —el más globalizado de todos los capitales, el elemento dominante del régimen global de acumulación neoliberal (los flujos de capital transfronterizos siguen estando en gran medida desregulados y son más volátiles que nunca)— vuelva a estar bajo control político e institucional, reduciendo o eliminando por completo la evasión y la elusión fiscal, aumentando los tipos impositivos para el segmento más rico de la población y para las grandes corporaciones según el principio de progresividad, separando las funciones de las grandes instituciones financieras y limitando su tamaño, creando sistemas para rastrear y controlar los flujos de dinero transnacionales (mediante la imposición de límites, prohibiciones o impuestos a las transacciones y la promoción de flujos de capital dirigidos a inversiones a largo plazo, pacientes, sostenibles y responsables, tanto públicas como privadas), y transfiriendo una parte significativa de este a canales públicos o bajo supervisión pública. También necesitamos reflexionar más seriamente sobre la redistribución global: no la ayuda, que es una medida puntual, sino la transferencia sistemática de riqueza de los ricos (de países con poblaciones predominantemente blancas) a los pobres (a países con poblaciones predominantemente de color) para combatir el cambio climático y mejorar la seguridad de todos, como ocurre, al menos en parte, en las sociedades nacionales de los países ricos.

Al mismo tiempo, ahora sabemos que para asegurar un futuro para la humanidad (la posibilidad de su reproducción social[11] y para otras formas de vida en el planeta debemos tener un "*desarrollo que satisfaga las necesidades de las generaciones presentes sin comprometer la capacidad de las generaciones futuras para satisfacer sus propias necesidades*", como lo afirma el Informe Brundtland (Nuestro futuro común, 1987) de la Comisión Mundial sobre el Medio Ambiente y el Desarrollo de la ONU.

Sabemos que sin crecimiento, el capitalismo colapsa; sin embargo, el crecimiento perpetuo de un sistema económico basado en el modelo de «*extracción-producción-consumo-desecho*» en un planeta finito conduce inexorablemente al desastre ambiental, como afirma el 97% de los climatólogos, empezando por los miembros del *Panel Intergubernamental sobre el Cambio Climático* (IPCC), organismo patrocinado por la ONU. La investigación científica nos indica que prácticamente ningún ecosistema en la Tierra escapa a la amenaza de colapso, con la degradación de los suelos y los ecosistemas acuáticos y marinos (acidificación, micro-plásticos, calentamiento global, etc.), y la amenaza de extinción de mamíferos, aves, anfibios, reptiles y peces silvestres, insectos, flora y la mayoría de las formas de vida en la Tierra, incluyendo a la mayor parte de los humanos. Los científicos hablan de una sexta extinción masiva —la mayor pérdida de vida en la Tierra desde la era de los dinosaurios— provocada por el ser humano.

Para lograr un sistema económico que no amenace la extinción humana ni la bio-diversidad, será necesario, como mínimo, «*revolucionar*» el capitalismo, pasando del modelo de economía *lineal* a la economía *circular*, en la que lo que normalmente se considera «*desecho*» se transforme en un recurso. Al igual que el carbón o el petróleo, el capitalismo ha aportado beneficios materiales en términos de calidad de vida, pero, ahora causa más daño que bien. Así como hemos encontrado la manera de generar energía renovable útil, mejor y menos dañina que el carbón y el petróleo, la humanidad debe encontrar la manera de generar bienestar humano, mejor y menos dañino que la economía capitalista lineal.

La transformación de la producción y las fuerzas productivas debe ser la piedra angular de una nueva relación con el planeta, centrada en el desarrollo de formas de desarrollo tecnológico respetuosas con el medio ambiente. Una economía circular está diseñada para regenerarse a sí misma, garantizando así su sostenibilidad ecológica mediante la reutilización de materiales en ciclos de producción posteriores y minimizando los residuos. En una economía circular, los residuos no existen, ya que los desechos de una persona se convierten en recursos para otra. La transición a este tipo de economía centra la atención en la reutilización, la reparación, la renovación y el reciclaje de materiales y productos existentes, y requiere nuevas regulaciones, nuevas políticas públicas, nuevas formas de diseñar y producir bienes y servicios, y nuevos estilos de vida y patrones de consumo basados en la economía colaborativa («*sharing economy*»).

Apunta a la calidad, no a la cantidad; no vivas *de* la naturaleza para explotarla, sino *con* ella para seguir sus ciclos naturales, consciente de ser parte de ella. Piensa en ti mismo como uno con la naturaleza, entendida como Gaia, una entidad viva y vital «*en la que la vida mantiene las condiciones para la vida*», como argumentaron el científico inglés James Lovelock (1919-2022) y el filósofo francés Bruno Latour (1947-2022). Desde esta perspectiva, debemos valorar las prácticas culturales de *los pueblos indígenas* y campesinos en cuanto a su conocimiento y conexión con la tierra, el cuidado y la protección del medio ambiente y la biodiversidad, y el aprovechamiento de sus recursos, que surgen de visiones y preocupaciones por el futuro y las generaciones venideras. Sus sociedades no se basan en el modo de producción capitalista y son sostenibles porque trabajan para crear una economía estable, no impulsada por la acumulación y el crecimiento.

El objetivo del Acuerdo de París de 2015, basado en compromisos voluntarios y la participación del capitalismo financiero, de limitar el aumento de la temperatura a 1,5°C por encima de los niveles preindustriales para 2030, no se cumplirá: el planeta ya se ha calentado a un promedio de más de 1,5°C para 2024. Las emisiones de CO_2 seguirán aumentando, lo que provocará un incremento de la temperatura de al menos 2,5°C hasta 2030 y un calentamiento de entre 3,2 y 4°C para 2100 con consecuencias devastadoras para zonas estratégicas del planeta, ya sea el Amazonas, Groenlandia, la Antártida Occidental o los arrecifes de coral. Los científicos creen que este es un mundo inhabitable, al menos para los humanos. Podemos esperar un futuro donde las olas de calor mortales y las temperaturas superiores a 50°C sean comunes en los trópicos; donde los veranos en latitudes templadas sean invariablemente calurosos; y donde los océanos estén destinados a subir de nivel y volverse cálidos y ácidos. En particular, las zonas del cinturón tropical que se extiende a ambos lados del ecuador —latitudes que van desde los 20 grados norte, una línea que pasa por México, Libia e India, hasta los 20 grados sur, que pasa por Brasil, Madagascar y el norte de Australia— corren el riesgo de convertirse en un entorno que alcanzará "*el límite de la adaptabilidad humana*", con un aumento del calor y la humedad que amenaza con empujar a gran parte de la población mundial (al menos 3.000 millones de personas) a condiciones que ponen en peligro sus vidas.

Las enormes demoras y los incumplimientos de promesas por parte de los gobiernos (pensemos en el triste final que tuvo el Pacto Verde Europeo tras la convergencia entre los conservadores tradicionales y la derecha) convierten cualquier cambio de rumbo en una tarea titánica. Según el Programa de las Naciones Unidas para el Medio Ambiente (PNUMA), la única manera de limitar los peores impactos de la crisis climática es una «*transformación rápida de las sociedades*». Se necesitarían revoluciones centradas en una «*mentalidad sustractiva*» racional, práctica y productiva, enfocada en los beneficios a corto plazo y en un consumo frugal[12], desde la renuncia total al consumo de carne hasta la drástica reducción de los viajes aéreos, desde la eliminación de los automóviles privados hasta el fin del consumo de productos agroindustriales, lo cual tendría graves consecuencias para la agricultura, la producción industrial, el turismo, el comercio y la migración. Ciertamente, la indignación y la presión entre los jóvenes de todo el mundo han aumentado, mientras que los gobiernos y las empresas han comenzado a asumir compromisos más firmes. Pero una «*transformación rápida de la sociedad*» no puede darse en un mundo regido por el paradigma neoliberal, en el qué y cómo producir, así como el costo de los diversos bienes (incluso los esenciales para la vida), se deciden sobre todo por la especulación financiera. Como advirtió el Papa Francisco en su encíclica de 2016, Laudato Si': "*Un verdadero enfoque ecológico se convierte siempre en un enfoque social; debe integrar las cuestiones de justicia en los debates sobre el medio ambiente, para escuchar tanto el clamor de la tierra como el clamor de los pobres*".

Se necesita una nueva imaginación radical, un nuevo pensamiento colectivo generativo y utópico[13], una fuerte discontinuidad en términos de conciencia y comportamiento individual y colectivo, políticas públicas y recursos económicos invertidos. La política tiene grandes responsabilidades: debe lograr que la opinión pública y la ciudadanía comprendan que nadie puede salvarse solo (¡excepto Musk, que se mudará a Marte!) y que solo juntos podremos combatir la amenaza del calentamiento global.

Necesitamos retomar el debate sobre qué tipo de sociedad podría permitirnos superar la crisis catastrófica del capitalismo financiero globalizado que dominó el mundo hasta la primera década de este nuevo siglo. Esto implica también comenzar a identificar los primeros elementos de un modelo político y organizativo que nos permita perseguir ese objetivo estratégico como elemento unificador de un amplio espectro social.

Para combatir un capitalismo que reconoce el poder del sistema económico para utilizar al Estado en la gobernanza y el control de la sociedad, y para superar la experiencia del socialismo estatista del siglo pasado, que centralizó el poder estatal en la gestión del sistema económico para controlar y gobernar la sociedad, debemos imaginar una sociedad que, a pesar de su complejidad, sea capaz de utilizar instituciones para controlar y gobernar el sistema económico. Necesitamos esbozar un modelo, aunque sea esquemático, que defina las condiciones para la existencia de una sociedad en transición que, emergiendo del capitalismo, pueda explorar gradualmente las características de una futura sociedad ecosocialista constructible.

En los últimos años se ha producido una proliferación mundial de experiencias basadas en un nuevo modo de producción e intercambio poscapitalista, donde las comunidades de práctica —desde el sector energético hasta la agricultura, la educación, el bienestar social, el consumo, etc.— crean valor compartido mediante sistemas de contribución abiertos, gestionan su trabajo común a través de prácticas participativas y generan recursos compartidos que, a su vez, pueden utilizarse en nuevas iteraciones[14]. Este ciclo de insumos abiertos, procesos participativos y resultados orientados a los bienes comunes constituye un ciclo de acumulación de bienes comunes, en contraposición a la acumulación de capital. Este modo de producción, que Benkler[15] ha denominado «producción entre pares basada en los bienes comunes» (es decir, en recursos compartidos autogestionados por comunidades de partes interesadas), prospera en ecosistemas que incluyen: 1) comunidades contribuyentes que comparten conocimientos y habilidades; 2) coaliciones empresariales (en las formas institucionales de cooperativas abiertas) que generan medios de subsistencia en torno a los bienes comunes; y 3) organizaciones infraestructurales sin ánimo de lucro que apoyan y garantizan la cooperación en el ecosistema, permitiendo su continuidad a lo largo del tiempo. Un modo de producción no extractivo, sino generativo, orientado a las personas (más igualitario y solidario), sus necesidades y la naturaleza, que aprovecha la mutualización de acuerdo con los principios propuestos para la gobernanza de los bienes comunes por la ganadora del Premio Nobel Elinor Ostrom[16], sin tener que exigir una sobreproducción constante y una promoción constante del consumo excesivo[17].

Con el tiempo, las personas que vivieran en comunidades amistosas podrían crear una cultura nueva, diversa y no violenta, en la que todas las formas de expresión personal y colectiva serían posibles. Hombres y mujeres, blancos y negros, jóvenes y ancianos, podrían así considerar sus diferencias como atributos positivos, no como motivos de dominación. Nuevos valores de cooperación, solidaridad, fraternidad y libertad personal y colectiva podrían manifestarse entonces en las relaciones entre las personas (sexuales, familiares, personales y sociales) y en la educación de las nuevas generaciones (sin enseñarles a competir por el «*éxito*» y la «*meritocracia*» como máscara para un individualismo y una avaricia desmedidos). La educadora Maria Montessori, marginada por el régimen fascista y obligada a emigrar en 1934, escribió: «*Todos hablan de paz, pero nadie enseña la paz. En este mundo, educamos para la competencia, y la competencia es el principio de la guerra. Cuando eduquemos para la cooperación y para ofrecernos solidaridad mutuamente, ese día estaremos educando para la paz*»[18]. Debemos también retomar y aplicar la lección del pedagogo brasileño Paulo Freire, según quien solo una educación dialógica y libertaria puede evitar la formación de sujetos predispuestos a la arrogancia o a la sumisión.

Para lograrlo, dadas las complejas condiciones de control del sistema capitalista, se requeriría combinar la energía, las experiencias y tácticas de movilización social (manifestaciones, marchas, desobediencia civil, huelgas, boicots, huelgas generales, acciones directas para redistribuir la riqueza, reconstruir instituciones y revitalizar las relaciones sociales y culturales) de movimientos sociales anteriores en la historia de las sociedades capitalistas (independientemente de si lograron o no sus objetivos): movimientos anticoloniales, obreros, campesinos, de derechos civiles, feministas, LGBTQIA+, estudiantiles y otros movimientos antiglobalización (Foro Social de Porto Alegre, Vía Campesina, Occupy Wall Street, Indignados). Esto se lograría con la nueva energía de las clases medias indignadas por la supuesta traición del poder establecido. La ciudadanía debería comenzar a transformar su entorno inmediato —lugar de trabajo, hogar, familia, escuela, barrio, comunidad local— mediante una serie de luchas contra la autoridad ausente, para que quienes viven y trabajan en estos espacios tomen el control. Internet ofrece grandes oportunidades para el intercambio de experiencias y conocimientos, para la creación de alianzas nacionales, transnacionales y transcontinentales amplias e inclusivas, y para el desarrollo de un vocabulario común y una narrativa compartida, así como para la coordinación general en tiempo real de este nuevo movimiento social progresista y no violento.

Notas

1. Existe una extensa bibliografía sobre Karl Polanyi y su obra. Aquí nos limitamos a recomendar los siguientes textos: Polanyi K., *The Obsolete Market Mentality. Writings 1922-1957*, (editado por Michele Cangiani), Asterios Editore, Trieste, 2019, *For a New West*, Il Saggatore, Milán, 2013 y *The Great Transformation. The Political and Economic Origins of Our Time*, Einaudi, Turín, 1974 (1944); Block F., *Polanyi's Double Movement and the Reconstruction of Critical Theory*, Revue Interventions économiques, 38, 2008, http://intervention seconomiques.revues.org/274; Caillé A., Laville JL y Maucourant G., *The Economicist Sophism. Around Karl Polanyi*, Jaca Book, Milán, 2011; Dale G., *La gran transformación de Karl Polanyi y el contramovimiento al capitalismo*; Jacobin, 2021, https://jacobinmag.com/2021/04/karl-polanyi-the-great-transformation-neoliberalism-countermovement-capitalism, *Karl Polanyi: una vida en la izquierda*, Columbia University Press, Nueva York, 2017 y *Karl Polanyi: los límites del mercado*, John Wiley & Sons, Hoboken, NJ, 2010; Kuttner R.; *El hombre de la Viena roja*, The New York Review of Books, 2017,

http://www.nybooks. com/articles/ 2017/12/21/ karl-polanyi-man-from-red-vienna/; Luban D., *El esquivo Karl Polanyi*, Dissent Magazine, 2017, https://www. dissentma gazine.org/ article/elusi ve-karl-polanyi-great-transformation-gareth-dale-biography? utm_ source= Dissent+Newsletter &utm_cam%E2%80%A6; Somers M. y Block F., *El regreso de Karl Polanyi*, Dissent Magazine, 2014, https://www. dissent magazine.org/article/the-return-of-karl-polanyi? utm_source=Dissent+ Newsletter &utm_campaign=69c6ff6055-EMAIL_CAMPAIGN%E2%80%A6. Yarrow D.; *Respuestas progresistas al populismo: una crítica polanyiana del discurso liberal*, The Political Quarterly, 2017, https://doi.org/ 10.1111/ 1467-923X.12370

2. Gerstle G., *The rise and fall of the neoliberal order. America and the world in the free market era*, Oxford University Press, Oxford 2022.

3. Gordon DM, *Gordos y mezquinos. La presión corporativa sobre los trabajadores estadounidenses y el mito de la reducción de personal gerencial*, The Free Press, Nueva York, 1996; *Etapas de acumulación y ciclos económicos largos*, en Hopkins TK y Wallerstein I. (eds.); *Procesos del sistema-mundo*, Sage Publications, Beverly Hills, CA, 1980: 9-45; "Subiendo y bajando" la montaña rusa, en *El capitalismo estadounidense en crisis*, Nueva York, Proyecto de educación económica para la econo-

mía política radical, 1978:22-34.

4. Ruggie JG, *Regímenes internacionales, transacciones y cambio: el liberalismo incorporado al orden económico de posguerra*, Organización Internacional, Vol. 36, No. 2, 1982:379-415.

5. Bricco P., "*¿El problema de la globalización? Ha creado un mundo plano*", Il Sole 24 Ore, 31 de diciembre de 2018:13.

6. "Putnam RD, Bowling solo: el declive del capital social de Estados Unidos", Journal of Democracy, enero de 1995:65-78, https://www.tesd.net/ cms/ lib/PA01001259/Centricity/Domain/1114/Bowling Alone.pdf

7. Hobsbawm E., *La era de los extremos. El breve siglo XX*, 1914-1991, Abacus, Londres, 1995:146-147.

8. Mols F. y Jetten J., *La paradoja de la riqueza. Prosperidad económica y el endurecimiento de las actitudes*, Cambridge University Press, Cambridge, MA, 2017.

9. Arendt H., *Los orígenes del totalitarismo*, Schocken Books, Nueva York, 1951 , https:// ia800205.us.archive.org/25/items/ArendtHannahTheOriginsOfTotalitarianism1979/Arendt_Hannah_The_Origins_of_Totalitarianism_1979.pdf

10. Saez E. y Zucman G., *El triunfo de la injusticia. Cómo los ricos evaden impuestos y cómo hacerlos pagar*, WW Norton, Nueva York, NY, 2019; *Impuesto progresivo sobre la riqueza*, Brookings Papers on Economic Activity, 2019. https://www. brookings. edu/wp-content/uploads/2019/09/Saez-Zucman _conference-draft.pdf

11. Fraser N., *Capitalismo caníbal. Cómo el sistema está devorando la democracia, nuestro sentido de comunidad y el planeta*, Verso Books, London 2022.

12. Legrenzi P., *Cuando menos es más: La historia cultural y las mejores prácticas de la sustracción*, Raffaello Cortina Editore, Milano, 2022; Frugalità, Il Mulino, Bologna 2014

13. Kelley R. D. G., *Sueños de libertad. La imaginación radical negra*, Penguin Random House, New York 2022 (2002).

14. Bauwens M. y Pazaitis A., *Contabilidad P2P para la supervivencia planetaria. Hacia una infraestructura P2P para una sociedad circular socialmente justa*, «P2P Foundation», «Guerrilla Foundation» e «Schoepflin Foundation», 2020, https://commonstransition.org/wp-content/uploads/2019/09/AccountingForPlanetarySurvival _defx-2.pdf?fbclid= IwAR1RGnxTNElX7 rBdQkn FbVHHg7Y-59WBdLFCuJ0_ qxqdZvWq OuIVPww f24. En las últimas décadas, también ha crecido el

interés por el modelo de sistema cooperativo Mondragón en el País Vasco español, que se ha convertido en el más grande del mundo (una red de 95 cooperativas con 80.000 trabajadores, el 76% de los cuales son socios, 132 plantas de producción en 32 países y una facturación de 11.000 millones de euros en 2021). Cfr. Romeo N., *Cómo Mondragón se convirtió en la cooperativa más grande del mundo*, «The New Yorker», 24 August 2022, https://www.newyorker.com/business/currency/how-mondragon-became-the-worlds-largest-co-op.

15. Benkler Y., *La riqueza de la red. La producción social transforma el mercado y aumenta la libertad*, Università Bocconi Editore, Milano 2007.

16. Ostrom E., *Gobernanza de los bienes comunes. La evolución de las instituciones para la acción colectiva*, Cambridge University Press, Cambridge 1990. Ostrom demostró que los seres humanos a menudo reaccionan ante las crisis y la escasez de recursos con estrategias de colaboración e intercambio.

17. El historiador económico Matthias Schmelzer, el político ecologista Aaron Vansintjan y la periodista Andrea Vetter llegan a conclusiones similares en su libro *El futuro del decrecimiento: Una guía para un mundo más allá del capitalismo*, Verso, Londres 2022. Argumentan que la búsqueda

del crecimiento perpetuo es una premisa desastrosa sobre la cual basar nuestro futuro colectivo y que el decrecimiento podría no ser un proceso impuesto desde arriba y liderado por las élites.

18. Montessori M., Educación y paz, Garzanti, Milán, 1949. Véanse también los textos del pedagogo brasileño Paulo Freire, Parker J. Palmer y Bell Hooks (*Enseñar a la comunidad: una pedagogía de la esperanza*, Meltemi, Milán, 2022; *Enseñar a transgredir: la educación como práctica de la libertad*, Meltemi, Milán, 2020). La pedagogía italiana ha dado grandes maestros de la pedagogía cooperativa: Don Lorenzo Milani, Mario Lodi, Gianni Rodari y Loris Malaguzzi (véase G. C. Belvedere y otros, *Otra escuela es posible*, Enea Edizioni, Milán, 2013).

La primera parte de este texto reproduce, con algunas modificaciones, el texto original italiano, vía Transform! Italia: https://transform-italia.it/il-contro-movimento-si-esce-a-destra-o-a-sinistra-dalla-crisi-del-neoliberismo/